Karin Dörner / Christiane Nebel /
Alexander Redlich

Geschichten für gestreßte Kinder

Vorlesegeschichten zum Entspannen
und Mutigwerden

Herder
Freiburg · Basel · Wien

Gedruckt auf umweltfreundlichem,
chlorfrei gebleichtem Papier

Originalveröffentlichung

4. Auflage

Alle Rechte vorbehalten – Printed in Germany
© Verlag Herder Freiburg im Breisgau 1995
Herstellung: Freiburger Graphische Betriebe 1997
Umschlaggestaltung: Joseph Pölzelbauer
Umschlagmotiv: Mondaufgang © F. X. Kohlhauf
ISBN 3-451-04362-9

Inhalt

Vorwort

„Liest du mir was vor?" Oder: „Erzähl uns doch noch mal die Geschichte von ...!" So geht es meistens los.

Wir sind nicht gerade die geborenen Geschichtenerzähler. Aber irgendwann haben wir es, nach erfolgreichem Drängeln unserer Kinder, ausprobiert. Wir konnten zu unserer großen Überraschung die Erfahrung machen, daß jedes unserer Kinder interessiert zuhörte – und sie wollten mehr davon. Stellvertretend hierfür soll eine unserer zahlreichen selbsterlebten Geschichten stehen:

Als mein Sohn Nikolai ungefähr drei Jahre als war, erzählte ich (Alexander Redlich) ihm eine einfache Geschichte, die er selbst am Tag zuvor im Garten erlebt hatte. Er saß in der Sandkiste, und ein Spatz setzte sich in seine Nähe. Er verhielt sich bewegungslos und sprach den Vogel an. Der Spatz legte den Kopf schief, als würde er zuhören, und tschilpte fröhlich. Es klang wie eine Antwort. Dieser „Dialog" wiederholte sich einige Male. Zwischendurch flog der Vogel auf einen Ast und „erzählte" von dort weiter. Man hatte den Eindruck, er berichtete, was er von dort oben alles sah.

Aus der Vorstellung, was die beiden miteinander beredet haben mochten, wurde eine Gute-Nacht-Geschichte „Vom kleinen Jungen und dem Spatzen", in der die beiden verabredeten, daß der Spatz in die Welt hinausfliegen und dem Jungen davon berichten würde.

Kinder wollen natürlich solche Geschichten immer weiter und immer wieder hören, so daß sich in diesem Fall z. B. eine Fortsetzungsgeschichte mit dem Titel „Die Erzählungen des Spatzen aus Altona" anbot. In ihr kamen bekannte Orte wie der Kindergarten oder das Einkaufszentrum vor, aber auch fremde wie Hafen oder Bahnhof. Was der Spatz berichtete, war ziemlich einfach. Es ging z. B. um balgende Hunde vor unserem Haus, eine lauernde Katze im Nachbargarten, um Kinder, die im Einkaufszentrum eine Scheibe eingeworfen hatten, oder um ein großes Schiff, das mit Schleppern in die Werft bugsiert wurde.

Solche Erzählungen wie die des Spatzen können in Geschichten über das Kind selbst eingerahmt werden, die dieses anderen schildert (z. B. dem Spatz): Als es hinfiel und sich das Knie verletzte, wie es schwimmen lernte oder sich mit der Schwester stritt usw.

Wir machten die Erfahrung, daß unsere Kinder, auch als sie älter wurden, immer wieder Geschichten erzählt haben wollten, vor allem solche, die „über *uns* sind", wie sie sagten. Und so entstanden weitere Erzählungen über Erlebnisse mit Tieren, beim Sport, im Urlaub, bei der Oma, in der Schule usw. Dabei wurden wir auch mutiger beim phantasievollen Ausschmücken der Erlebnisse, die zu gefährlichen Abenteuern werden konnten. So kann man aus einer kleinen Jolle bei einer Segeltour ein Piratenschiff machen, das die Weltmeere unsicher macht, aus dem Schrankdiebstahl im Schwimmbad einen Bankeinbruch, den die Kinder aufklären, oder aus dem halbstündigen Kamelritt im Urlaub eine Schatzsuche in der Wüste. Der eigenen und der Phantasie der Kinder sind hier keine Grenzen gesetzt.

Dieses nun vorliegende Buch speist sich aus zwei Quellen; zum einen aus unseren Alltagserfahrungen mit den eigenen Kindern und zum anderen aus der professionellen psychologischen Förderung von Kindern.

Vor über zehn Jahren entwickelten wir erstmals Entspannungsgeschichten für Kinder zwischen sechs und zwölf Jahren. Dabei geht es um Kinder, denen es schwerfällt, ihren Ärger oder ihre Schüchternheit unter Kontrolle zu behalten. Diese Geschichten spiegeln den inneren, seelischen Umgang von Kindern mit Aufregung, Ärger und Angst wider. Sie kamen bei den Kinder recht gut an und wurden von Erzieherinnen, Psychotherapeuten und schulpsychologischen Beratern aus ganz Deutschland bei uns angefordert, um sie in ihrer Arbeit mit Kindern zu verwenden.

In der eigenen psychotherapeutischen Praxis greifen wir bei Kindern (und Erwachsenen) immer wieder auf die Möglichkeit zurück, Entspannung und Konfliktbewältigung in Form von Geschichten anzubieten. Ein Ergebnis sind z. B. die Geschichten von Julia und Lena in diesem Buch, die Alltagserfahrungen von schüchtern-ängstlichen Kindern beschreiben.

Die Geschichten dieses Buches verbinden spannendes Geschehen – ohne reißerischen Stil – mit der seelischen Verarbeitung von schwierigen Gefühlen – ohne pädagogischen Zeigefinger. Dabei können die Kinder lernen, wie man sich entspannt und Probleme und Konflikte in Ruhe und Tatkraft lösen kann. – Und das gilt übrigens auch für Erwachsene.

Viel Spaß beim Lesen!

Hamburg, im Herbst 1994   *Karin Dörner*
                                           Christiane Nebel
                                           Alexander Redlich

Geschichten vorlesen und erzählen

(Alexander Redlich)

Wer in der eigenen Kindheit abends in der Familie häufig Geschichten gehört hat, weiß, wie dies zu einem Gemeinschaftserlebnis werden kann, an das man sich ein Leben lang erinnert; zu einem Erlebnis voll von konzentrierter Spannung, starken Gefühlsbewegungen und zugleich sicherer Geborgenheit. Unser Buch soll helfen, Kindern dieses Erlebnis zwischen Video, TV und Gameboy ein bißchen häufiger zu vermitteln.

Es enthält aber nicht nur spannende Erzählungen für Kinder. Die Geschichten in diesem Buch fördern darüber hinaus den seelisch gesunden Umgang mit Gefühlen wie Aufregung, Ärger und Angst. Sie machen Kindern Mut, schwierige Anforderungen zu bewältigen, und stärken ihr Selbstvertrauen.

Das Erzählen, Singen und Spielen von Geschichten ist so alt wie die Menschheit, Vorlesen dagegen eine ziemlich moderne Form. Ob nun vorgelesen, erzählt oder gespielt – Geschichten dienen nicht nur dem spannenden Vergnügen, sondern besitzen noch zwei wichtige Funktionen: Sie liefern *Regeln für das zwischenmenschliche Zusammenleben* und fördern die *seelische Verarbeitung* von traurigen, bedrohlichen oder bedeutsamen Ereignissen.

Wenn früher Geschichten erzählt, gesungen oder gespielt wurden, so fand dies meist im großen Kreise statt. Die Angehörigen eines Stammes, einer Großfamilie oder einer anderen Gemeinschaft lauschten den Erzählern, Sängern oder Darstellern. Ihre Geschichten transportierten zwischenmenschliche Regeln und Weisheiten („Die Moral von der Geschicht' …") und regten die Zuhörer an, sich darüber auszutauschen, was recht und was unrecht ist. Geschichten trugen so zur Orientierung im zwischenmenschlichen Umgang bei.

Dazu müssen Geschichten nicht unbedingt die hehren Ideale direkt verkünden, wie zum Beispiel bei Karl May oder Jack London. Auch Pippi Langstrumpf oder das Sams erinnern auf ihre Weise an zwischenmenschliche Regeln.

Außerdem lassen Geschichten in den Zuhörern authentische Gefühle fast so entstehen, als ob sie selbst dabeigewesen und betroffen wären. Dabei werden sie gewissermaßen auf den Ernstfall vorbereitet und können von diesen Gefühlen nicht mehr so leicht überwältigt werden. Zudem werden alte, unverarbeitete Gefühle und bedrohliche Phantasien aktiviert und können dadurch „bereinigt" werden. So helfen Geschichten, mit Gefühlen in schwierigen Situationen innerlich besser klarzukommen.

Beispielsweise wollte ein siebenjähriger Junge, der wegen einer komplizierten Lungenentzündung mehrere Wochen im Krankenhaus verbracht hatte, daß man ihm in einer unserer Fördergruppen immer wieder dieselbe Geschichte vorlas. Sie handelte von einem Jungen, der große Angst vor dem Zahnarzt hatte. Erst nachdem er die Geschichte fast dreißigmal (!) gehört hatte, ließ sein Interesse nach – und auch die Furcht vor dem Krankenhaus.

Die Idee hinter den Geschichten

Die Geschichten in diesem Buch sollen den innerpsychischen Umgang mit ebenso problematischen wie wichtigen menschlichen Gefühlen fördern. Darum sind sie unter bestimmten Gesichtspunkten konstruiert worden. Sie wurden von Lehrern in Schulklassen, Sozialpädagogen in ihren Gruppen, Kinderpsychotherapeuten in ihrer Praxis und von Eltern daheim erprobt und für gut befunden. Wir skizzieren hier kurz die wichtigsten Grundgedanken hinter den Geschichten.

Entspannungsgeschichten statt sturer Übung

Um Kindern gezielt zu helfen, mit ihren Gefühlen in schwierigen Situationen klarzukommen, hat man bereits vor Jahr-
zehnten muskuläre Entspannungsübungen und Autogenes
Training eingesetzt, indem diese Behandlungsformen für Kinder vereinfacht und in spielerischer Art durchgeführt wurden.
Der spielerische Anteil wurde mit der Zeit immer größer, bis
man vollständige Geschichten entwickelte, in die Entspannungsübungen eingebaut wurden: Entspannungsgeschichten
wie die von Weinberg oder Friedrich/Friebel (siehe Literaturliste am Ende des Buches).

Verschiedenartige Geschichten für unterschiedliche Kinder

Nun zielen diese Geschichten meist auf die Altersgruppe zwischen fünf und acht Jahren oder ängstliche und zurückhaltende Kinder ab. Für ältere Kinder zwischen acht und zwölf
Jahren oder solche, die dazu neigen, auf stressige Situationen
eher mit *Ärger* und *hoher Aktivität* wie Unruhe und Aggression zu reagieren, mußten wir andersartige Geschichten entwickeln. Denn hochaktive oder ältere Kinder haben keine
Lust, Geschichten anzuhören, die vom Inhalt und Stil her
eher auf jüngere oder stille, zurückhaltende Kinder zuge-
schnitten sind – ebensowenig wie auf klassische Übungen,
Autogenes Training usw. Sie finden sie uninteressant, langweilig und fühlen sich längst „darüber hinaus". Aktive und
ältere Kinder werden mit dieser Art von Geschichten nicht erreicht. Nach unseren Erfahrungen benötigen sie spannende,
ereignisreiche Geschichten, um zur Entspannung zu kommen
und zu ihren Gefühlen zu finden.

Darum haben wir spannende *Abenteuergeschichten* erfunden, in die Entspannungsübungen und modellhafter Umgang
mit eigenen Gefühlen verpackt sind. Übungs- und Lerneffekte
stellen sich von selbst ein.

Lernziel: Streßbewältigung

„Streß" ist ein moderner Begriff für etwas, was es schon immer gab. Früher sprach man von *Anforderung*. Die wissenschaftliche Definition von Streß lautet – vereinfacht – etwa so: *Eine Person gerät in Streß, wenn sie eine Anforderung so erlebt, daß sie glaubt, diese Anforderung nicht oder nur mit erheblicher Anstrengung bewältigen zu können.*

Man unterscheidet nun schädlichen und förderlichen Streß. *Schädlicher* Streß entsteht, wenn die Person oft das Gefühl hat, daß sie diese Anforderungen *nicht* bewältigen kann; sich also *ständig* überfordert fühlt. In diesem Sinne hat sich der Begriff „Streß" inzwischen in der deutschen Sprache eingebürgert.

Förderlicher Streß liegt vor, wenn die Person das Gefühl hat, letztlich doch mit etwas Anstrengung klarzukommen. Dazu muß sie überwiegend die Erfahrung machen, daß sie Anforderungen *selbständig bewältigen* kann.

Eine Umwelt, die den Kindern diese Erfahrungen der selbständigen Bewältigung vermittelt, stattet sie mit stabilem, realitätsgerechtem *Selbstvertrauen* aus. Wenn Kinder in ihrer Familie ständig *unter*fordert werden, entsteht ein unrealistisches Größengefühl, das früher oder später bitter enttäuscht wird, weil das Kind schließlich doch in überfordernde Situationen gerät und keine altersgemäßen Bewältigungsstrategien entwickelt hat. Wo es ständig *zu früh* gefordert und *über*fordert wird, ist es schädlichem Streß ausgesetzt und entwickelt wenig Selbstvertrauen. Dazu hat die Individualpsychologie des bekannten Psychoanalytikers Alfred Adler einiges zu sagen (siehe Dreikurs/Grey in der Literaturliste am Ende des Buches).

Teufelskreis der Überforderung

Überforderung führt oft zu einem Teufelskreis, der die Probleme verstärkt. Ständige Überforderung kann bei unterschiedlichen Kindern (oder in unterschiedlichen Situationen bei demselben Kind) grundsätzlich zu zwei verschiedenen Gefühlslagen und Verhaltensformen führen:

1. *Zurückhaltung*: Das Kind lernt, auf Überforderungen eher mit Angst und überkontrolliertem Rückzug zu reagieren.

2. *Aktivität*: Das Kind tendiert bei Überforderungen zu unkontrolliertem Ärger mit aggressivem Verhalten.

Sebastian hat einen robusten Bruder, der 1½ Jahre jünger ist. Die Eltern sind sehr sportlich und stellen in diesem Bereich hohe Anforderungen an die Brüder. Der jüngere überholt Sebastian bald in seinen sportlichen Leistungen. Zum Leidwesen der Eltern entwickelt sich Sebastian zu einem „Schwächling". Mit neun Jahren hat er noch nicht schwimmen gelernt („Das schaffe ich nie!"). Er geht sportlichen Konkurrenzsituationen aus dem Weg und spielt am liebsten allein mit seinen Legosteinen. In der Schule ist er ziemlich gut – außer im Sport.

Maria fällt schon im Kindergarten durch Wutanfälle und ständige Konflikte auf. Ihre Mutter ist erst 22 Jahre alt, alleinerziehend und verdient mit ihrer Arbeit in einem Putzunternehmen verhältnismäßig wenig. Sie ist mit Maria und zwei kleineren Kindern überfordert und geht mit ihnen ziemlich autoritär um. Ihre eigene Mutter hilft im Haushalt und hütet oft die Kinder, hat aber einen völlig gegensätzlichen, verwöhnenden Erziehungsstil. Maria hat nie durch eine einfühlsame und zugleich konsequente Erziehung gelernt, ihre Gefühle im zwischenmenschlichen Umgang mit anderen zu kontrollieren, Enttäuschungen auszuhalten und Streitigkeiten mit Worten auszutragen. Entweder geht es gleich nach ihren Wünschen, oder es gibt handfeste Auseinandersetzungen. In solchen Situationen fordern die Erzieherinnen von Maria soziales Verhalten. Maria reagiert dann entweder mit Wutanfällen oder mit beleidigtem Rückzug, attackiert aber wenig später das nächste Kind.

Die folgende Abbildung veranschaulicht den Teufelskreis der Überforderung.

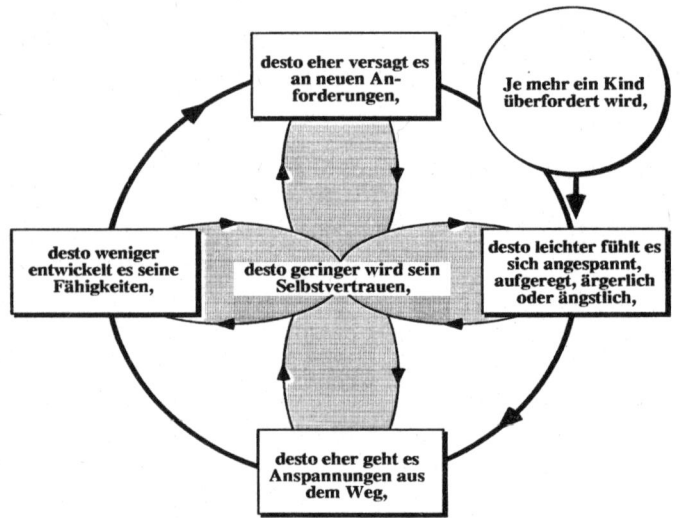

Rechte Station des Teufelskreises: Je mehr ein Kind überfordert wird, desto leichter fühlt es sich angespannt. Anspannung führt zu innerer Aufregung, die von Gefühlen der Angst oder des Ärgers begleitet wird.

Sebastian ist durch den Vergleich mit seinem Bruder im sportlichen Bereich überfordert. Maria kann die Anforderungen im Sozialverhalten nicht erfüllen. Beide fühlen sich in entsprechenden Situationen angespannt. Sebastian wird in sportlichen Konkurrenzsituationen eher ängstlich-zurückhaltend, Maria in Konfliktsituationen eher ärgerlich-aggressiv. Sie trauen sich nicht zu, wie andere Kinder mit diesen Situationen fertig zu werden.

Untere Station des Teufelskreises: Je leichter das Kind sich anspannt, desto mehr sieht es auch normale *An*forderungen als *Über*forderungen und geht ihnen aus dem Wege, um die Spannung zu vermeiden. Je mehr es Anforderungen aus dem Wege geht, desto geringer wird sein Selbstvertrauen, was wiederum diese Vermeidungstendenzen fördert.

Sebastian entwickelt nicht den Mut, sich Konkurrenzsituationen mit Gleichaltrigen zu stellen, sondern zieht sich auf das sichere Terrain des Bauens und Bastelns zurück. Maria geht zwar keinem Konflikt aus dem Weg. Sie vermeidet es aber, sich mit Worten langwierig auseinanderzusetzen, weil sie glaubt, dabei den kürzeren zu ziehen.

Linke Station des Teufelskreises: Je mehr das Kind Anforderungen vermeidet, desto weniger entwickelt es altersgemäße Fähigkeiten.

Sebastian entwickelt seine sportlichen Fähigkeiten nicht, weil er in seiner Freizeit allen sportlichen Situationen aus dem Wege geht. Maria lernt es nicht, sich mit Worten auseinanderzusetzen, weil sie durch Rangeleien oder beleidigten Rückzug längere Auseinandersetzungen vermeidet.

Obere Station des Teufelskreises: Wenn das Kind in wichtigen Lebensbereichen kaum altersgemäße Kompetenzen gelernt hat, versagt es nun auch tatsächlich bei ganz normalen Anforderungen. Das vermindert sein schwaches Selbstvertrauen. Umso eher fühlt es sich überfordert und gerät unter Anspannung. Der Teufelskreis schließt sich.

Sebastian ist schließlich in allen Sportarten ziemlich unbeholfen. Beim Schulsport macht er oft die Erfahrung zu versagen, wo Mitschüler keine Probleme haben. Maria fehlen einfache Fertigkeiten im Umgang mit Konflikten. Schon bei leichten Streitigkeiten flippt sie schnell aus und wird dafür bestraft. Letztlich fühlt sie sich auch als Versagerin, was ihr Selbstvertrauen weiter schädigt.

Das Vorbild in den Geschichten ermutigt sich selbst

Der Ansatzpunkt, um diesen Teufelskreis zu unterbrechen und Anforderungen erfolgreich zu bewältigen, ist die rechte Station: Das Kind lernt, seine Anspannung in Anforderungssituationen zu vermindern. Dann behält es die Gefühle von Aufregung, Ärger und Angst unter Kontrolle. Damit kann es sich konzentriert der Bewältigung der Anforderung widmen. Auf dieser Grundidee bauen die Geschichten auf.

Die jeweilige Hauptperson wirkt als Identifikationsfigur und Vorbild. Wenn sie auf eine schwierige Situation, eine Anforderung stößt, reagiert sie zunächst innerlich angespannt; also mit Aufregung sowie mit Ärger oder Angst. Diese Gefühle bewältigt sie durch eine bestimmte, vorher gelernte Entspannungsstrategie, manchmal auch durch Humor. Dadurch behält sie den Mut, sich der Anforderung zu stellen. Dann verhält sie sich besonnen und tatkräftig, indem sie auf ihre Fähigkeiten zurückgreift. Statt zu versagen, bewältigt sie die Anforderung schließlich erfolgreich.

Die unausgesprochene „Moral" von den Geschichten lautet etwa so: „Setz dich bei Anforderungen nicht unter Druck und sprich dir selbst Mut zu! Dann schaffst du es. Dadurch entwickelst du deine Fähigkeiten und kannst auch neue Anforderungen erfolgreich bewältigen. So wächst dein Selbstvertrauen."

Die zuhörenden Kinder identifizieren sich mit der Hauptperson und erleben sich selbst an ihrer Stelle gefordert und erfolgreich.

Von der Anforderung und Streßreaktion ...
über die Entspannung ...
zur Bewältigung.

Zunächst hört das Kind, wie die Hauptperson in eine schwierige Situation gerät und die Körperreaktionen und Denkprozesse ihrer Selbstkontrolle so weit entgleiten, daß eine erfolgreiche Bewältigung unmöglich wird. Sie erinnert sich dann rechtzeitig an ihre Entspannungsformel in Form einer Instruktion an sich selbst, die vier Schritte umfaßt:

Erstens *stoppt* sie die Streßreaktion über eine *Anweisung* an ihren Körper wie *„tief durchatmen"*.

Zweitens *beruhigt* sie sich durch physischen oder psychischen Abstand: *„ruhig bleiben"*, *„Abstand halten"*, *„Augen auf"* o. ä.

18

<u>Drittens</u> *ermutigt* sie sich, tatkräftig nach Bewältigungs-
möglichkeiten zu suchen: *„klar denken", „die beste Lösung*
finden" usw.

<u>Viertens</u> bewältigt sie die Anforderung durch eine *kreative*
Lösung, die nur durch *ruhiges Nachdenken* gefunden werden
kann. Dabei greift die Hauptperson nicht auf besondere Kompetenzen, sondern auf ganz *normale Fähigkeiten* zurück.

Eine weitere Variante der Entspannungstechnik besteht in
humorvollen Gedanken und Äußerungen, durch die die Situation nicht mehr so bedrohlich erlebt wird.
   Anders als beim Autogenen Training (vgl. Weinberg s.
Literaturverzeichnis am Ende des Buches) haben wir auf fest-
gelegte Sätze zugunsten verschiedener Möglichkeiten verzichtet, um einen flexiblen Umgang mit solchen Selbstinstruktionen zu fördern.

Vom Ärger zur Angst

Wir meinen, daß jedem ärgerlich-aggressiven Verhalten Gefühle der Mutlosigkeit und Angst zugrunde liegen. Aus unseren Erfahrungen mit überaktiven und aggressiv-auffälligen
Kindern, vor allem Jungen, wissen wir, daß diese nach außen
hin keine Angst zeigen. Erst wenn sie sich in einer geborgenen
Beziehung und vertrauter Umgebung sicher fühlen, können
sie auch Hilflosigkeit und Ängstlichkeit an sich selbst wahr-
nehmen und zunehmend offener zum Ausdruck bringen. Aus
dieser Überlegung heraus haben wir den Geschichten einen
bestimmten Aufbau gegeben: In den ersten Folgen steht die
Selbstkontrolle von Ärger und Aggressivität im Vordergrund.
Erst spätere Folgen gehen tiefer und trainieren die Bewältigung von Angst. Zugleich geht es auch immer um die Bewältigung von Anspannung und Kopflosigkeit.

Welche Geschichten für wen?

Die ersten fünf *Abenteuer*geschichten in diesem Buch sind besonders zum Vorlesen für *ältere* Kinder ab acht Jahren geeignet, die dazu neigen, in schwierigen Situationen hochaktiv und gelegentlich angriffslustig zu reagieren. Hier geht es um den seelisch gesunden Umgang mit eigenem *Ärger*.

Die drei anschließenden *Alltags*geschichten befassen sich mit Problemen von *zurückhaltenden* Kindern, die sich selbst eher hemmen. Sie richten sich an *jüngere* Kinder ab fünf Jahren, die in schwierigen Situationen *Angst* bekommen und sich innerlich oder äußerlich zurückziehen.

Es mag Ihnen zu sehr nach Rollenklischee aussehen, daß die Abenteuergeschichten eher Jungen-Geschichten sind. Das hat sich aus unserer Arbeit ergeben, in der es vorwiegend die Jungen waren, die durch übersteigerte Aktivität und aggressive Tendenzen aufgefallen sind. Bei Mädchen sind diese Auffälligkeiten seltener, aber natürlich nicht ausgeschlossen. Ob Sie diese Geschichten vorlesen, hängt vom Temperament und Verhalten Ihres Kindes ab und von seiner Reaktion auf diese Abenteuer. Nicht jeder Junge wird diese phantasiebetonten Geschichten mögen, manches zu Aggressionen neigende Mädchen wird sie toll finden. Die Du-Form, in der diese Geschichten verfaßt sind, ist für Jungen und Mädchen offen.

Am Ende geht es ums *Erzählen* von Geschichten. Wir geben Hinweise und Beispiele für das Erfinden und Darstellen von eigenen Geschichten, soweit man es als Mutter oder Vater selbst oder zusammen mit den Kindern machen kann.

Einige Hinweise zum Geschichtenerzählen und -vorlesen

Kinder brauchen *Gewohnheiten*. Versuchen Sie darum, eine Situation in Ihrem Alltagsablauf zu finden, in die das Geschichtenerzählen oder -vorlesen *paßt*, in der Sie genug Ruhe und Zeit haben. Versuchen Sie, diese Situation nach Möglichkeit immer gleich zu gestalten. Am besten ist es meistens *abends vor dem Schlafen*. Abendliches Geschichtenerzählen oder -vorlesen vermittelt Ruhe und Geborgenheit in der Familie und ist für eine psychisch gesunde Entwicklung von großer Bedeutung.

Es ist aber auch *tagsüber* sinnvoll, wenn die Kinder Lust und die Eltern Zeit dazu haben. Dann können zu der Geschichte auch Bilder gemalt werden, die aufgehängt werden. Manchmal haben Kinder ganze Geschichten mit Bildern illustriert. Der Kreativität ist hier keine Grenze gesetzt. Die Kinder können auch basteln oder töpfern. Wichtig ist dabei, sie dazu nicht zu „verdonnern", sondern zu ermutigen. *Ein* Hinweis reicht. Sie können es dann selbst machen, wie sie wollen, oder sich anderen Dingen zuwenden. Das Produkt sollte beachtet und in Wort und Tat gewürdigt werden, indem man es aufbewahrt und an einem bevorzugten Platz aufstellt.

Es ist wichtig, sich *für eine Folge mindestens 20 Minuten Zeit* zu nehmen. Besser ist eine halbe Stunde. Denn wenn in der jeweiligen Folge spontan Gespräche über den Inhalt entstehen, sollten Sie genügend Zeit haben, um mit den Kindern darüber zu sprechen, d. h. ihnen viel zuhören, ohne selbst viel zu sagen, zu argumentieren oder zu erklären – vor allem den Gedankengängen der Kinder folgen, so abstrus sie Ihnen manchmal erscheinen mögen. Man braucht manchmal etwas Geduld und Zeit, um den Sinn zu verstehen.

Sich Zeit für Kinder zu nehmen ist leicht gesagt. Aber häufig geht Dringenderes vor: Haushalt, beruflicher Druck, Aufrechterhalten der Kontakte zu Freunden, familiäre Pflichten, eigene Wünsche, sportliche Interessen, Hobbys usw. Und Kinder verhalten sich oft nach dem bedrohlichen Motto: Wenn mir meine Mutter (oder mein Vater) den kleinen Finger hinhält, nehme ich gleich die ganze Hand. Denn wer weiß, wann ich die Gelegenheit mal wieder kriege! Eltern möchten dann auch ungern fürs Vorlesen Präzedenzfälle schaffen, die unabsehbare Verpflichtungen nach sich ziehen könnten, sondern von vornherein klarstellen: Ob überhaupt und wie lange hier vorgelesen wird, bestimme ich! Im übrigen könnt ihr mir dankbar sein, daß ich bei meiner knappen Zeit überhaupt vorlese. Schließlich könnt ihr ja inzwischen auch selbst lesen!

Es wird „erfahrenen" Eltern im Laufe der Kindheit ihrer Kinder früher oder später klar, daß die Zeit, die sie nicht mit den Kindern verbringen, später nicht nachzuholen ist. Wenn die Kinder älter werden, ist es aus mit dem Vorlesen. Danach kann man den *eigenen* Kindern nie wieder abends in Ruhe Geschichten vorlesen! Dasselbe gilt für alles, was man nur während der relativ kurzen Phase ihrer Kindheit miterleben kann: Alltägliches wie der Gute-Nacht-Kuß, die kleine Kinderhand, die sich beim Einkaufsbummel wie von selbst in die Elternhand schiebt, der Weg zum Kindergarten, gemeinsam Abendbrot essen, Mensch-ärgere-dich-nicht oder Fußball spielen, und Besonderes wie Einschulung, schwimmen lernen, gemeinsam ins Kino gehen, die erste Theateraufführung der Schulklasse usw. Viele unscheinbare Alltagsszenen sind irgendwann unwiederbringlich vorbei. Wer sich dafür nicht genügend Zeit genommen hat, kann es später bitter bereuen. Davon zeugen so manche Midlife-crisis, psychosomatische Erkrankung oder Depression, die sich bemerkbar machen, wenn die Kinder aus dem Haus gehen. Darum sollte man sich genau überlegen, ob man nicht manch Wichtiges später allein machen kann, wenn die Kinder nichts mehr mit einem anfangen können und unternehmen wollen. Diese Überlegungen können helfen, sich mehr Zeit für die Kinder zu nehmen.

Das Wichtigste zuletzt: Es sollte Ihnen selbst auch *Spaß* machen, Geschichten vorzulesen oder zu erzählen. Wenn Sie es ausprobieren und feststellen, daß es Sie anödet, sollten Sie es lieber ganz lassen. Wenn man sich aufgrund eines noch so hochrangigen Erziehungszieles zu irgend etwas zwingt, was Spaß machen soll, aber einem selbst überhaupt kein Vergnügen bringt, dann stimmt's nicht. Das merken auch die Kinder, oft ohne es benennen zu können, und meistens führt es direkt in ein Beziehungs-Kuddelmuddel. Die Beziehungen zu den Kindern sollten in erster Linie ehrlich und stimmig sein. Jedes Kind kann es verstehen, wenn man

ihm offen sagt, daß man keine Lust hat, Geschichten zu erzählen oder vorzulesen. Das heißt natürlich nicht, daß *alles*
im Zusammenleben mit Kindern Spaß machen muß. Es
gibt auch lästige Pflichten in der Erziehung wie Wäsche
waschen, Kochen, die Kinder zum Zähneputzen, Schularbeiten und Aufräumen anhalten usw.

Abenteuergeschichten

Wenn Sie Ihrem Kind die folgenden Geschichten vorlesen, sollten Sie sie wie *ganz gewöhnliche Geschichten* behandeln. Also gar nicht viel erklären – ein kurzer Kommentar reicht: „Ich habe hier ein Buch mit spannenden Geschichten, bei dem man auch lernen kann, mit Aufregung besser klarzukommen. Mal sehen, wie es euch (oder dir) gefällt!" Kommen Sie Ihrem Kind nicht auf die pädagogische Tour. Fragen Sie nicht vor jedem Vorlesen ab, ob Ihr Kind sich noch daran erinnert, „was bisher geschah". Lassen Sie sich lieber so viel Zeit, daß Ihr Kind nachfragen kann, wenn ihm etwas nicht mehr klar ist.

Wenn Sie wollen, können Sie beim Vorlesen ihre Sprache verändern, je nachdem was passiert, wer gerade spricht usw. Manche Erwachsene haben darin eine große Begabung und können Kinder in starker Spannung halten. Nach unseren Erfahrungen ist dies jedoch nicht wichtig. Manche Kinder schätzen es auch gar nicht. Probieren Sie es aus, und fragen Sie Ihr Kind, was ihm besser gefällt. Wer Geschichten ohne besondere Stimm- und Sprachfertigkeit vorträgt, wird bemerken, daß die Kinder trotzdem aufmerksam bei der Sache sind. Kinder können sich nämlich in ihrer Phantasie alles, was sie wollen, *selbst vorstellen*. Man braucht keine besonderen Vorlesefähigkeiten!

Wichtiger scheint uns, die Geschichten nicht gehetzt „abzuarbeiten", sondern die einzelnen Sätze *in Ruhe und vollständig* vorzulesen. Die Kinder kommen dann besser mit und *verstehen* die Geschichte tiefgehender. Gute Geschichten haben einen bewußt überlegten Spannungsbogen und weisen eine Reihe von (eigentlich überflüssigen) Wiederholungen auf, die aber für die Zuhörer wichtig sind. Denn es geht ja um mehr als die bloße Informationsübermittlung. Es werden Stimmungen, Gefühle und zwischenmenschliche Beziehungen vermittelt; all das, was man gewissermaßen zwischen den Zeilen spüren muß, um die Geschichte letztlich zu verstehen.

Die Abenteuergeschichten werden Ihnen vielleicht hier und da nicht gerade von hoher pädagogischer Qualität erscheinen. Da beschimpfen die Helden ihre Teammitglieder, bringen ihre Wut ungehemmt zum Ausdruck, ballern hirnlos mit Schußwaffen herum usw. Dieser Stil dient nicht nur der Attraktivität der Geschichten, indem wir uns dem Trend der Zeit angepaßt haben. Hier geht es uns vielmehr darum, die „unerhörten" Wünsche und Gefühle von Kindern offen beim Namen zu nennen und damit zu „erhören"; ihnen zu vermitteln, daß Hilflosigkeit, Wut, Aufregung, Angst, Zerstörungslust und Aggressivität *als menschliche Gefühle* dazugehören. Mit diesen Szenen wollen wir die Kinder da abholen, wo sie stehen – und das sind oftmals nicht die erzieherischen Idealstandpunkte der Eltern.

Zugleich vermitteln die Geschichten aber, wie die Kinder mit diesen „unerhörten" Gefühlen und Wünschen umgehen können, damit sie nicht zu tatsächlichen Aggressionen und Zerstörungen führen.

Weitere wichtige Hinweise zum Vorlesen der Abenteuergeschichten finden Sie als Kommentare in die ersten Geschichten eingefügt.

Unter Wasser

(Jutta Becker)

Erste Folge: Der Start

Du sitzst in einem breiten, weichen Sessel, den man ganz herumdrehen kann, und siehst durch die Glaskuppel eures U-Bootes, wie die Ingenieure und Mechaniker die letzten technischen Handgriffe beim Start vornehmen. Du und deine Freunde, ihr habt eine wichtige und gefährliche Aufgabe übernommen. Ihr sollt die 112 Überlebenden eines U-Bootes retten, das auf ein Riff aufgelaufen ist, und nun manövrierunfähig auf dem Boden des Meeres liegt.

> Kommentar (für Eltern): Die Identifikation mit der Hauptperson wird durch das „Du" gefördert. Die häufigsten Schwierigkeiten treten nicht im bloßen Umgang mit Sachproblemen auf, sondern im Umgang mit den anderen Personen in der eigenen Gruppe. Darum spielt das Team eine wichtige Rolle.

Ihr müßt mit einem vollkommen neu konstruierten, bisher nicht getesteten Tauchrettungsschiff, dem TR1, zu dem havarierten U-Boot eilen, es aufschweißen und die Insassen an Land zurückbringen. Doch haben die Menschen dort nur noch wenig Sauerstoff, so daß ihr die Motoren auf allerhöchster Leistung laufen lassen müßt, um noch rechtzeitig das U-Boot zu erreichen. Werden eure Motoren das aushalten? Ihr habt höchstens sechs Stunden Zeit, um eure Aufgabe zu erfüllen.

Du bist der Leiter der Gruppe, und auf deine Ruhe und Besonnenheit – vor allem in gefährlichen Situationen – kommt es besonders an. Deshalb bist du auch im Ausbildungs-Camp lange auf Sonderaufgaben dieser Art vorbereitet worden. Du hast durch tägliches Training gelernt, wie du an der kleinsten Anspannung deines Körpers oder am hastigen Atmen merken kannst, daß du aufgeregt oder ärgerlich wirst und nicht mehr klar denken kannst. Aufgeregt und ärgerlich ist jeder einmal. Es ist ganz natürlich, daß man manchmal aus der Haut fährt. Aber eure jetzige Aufgabe verlangt, daß du bei Aufregungen und Ärger deinen Körper und deine Gedanken gleich wieder unter Kontrolle bekommst, um wichtige Entscheidungen mit klarem Kopf zu treffen. „Keep cool" – heißt es. Deshalb hast du bei den besten Trainern gelernt, jeden einzelnen Muskel zu kontrollieren. Du merkst sofort, wenn du deine Zähne aufeinanderbeißt, die Fäuste ballst, die Arme anspannst und deine Schulter verkrampfst oder die Beine wie ein Löwe vor dem Sprung anspannst. Du merkst es gleich, wenn dein Atem viel zu schnell und hastig geht. Du weißt, wie sich deine Muskeln von ganz allein anspannen, und du hast gelernt, wie du sie selbst kontrollieren kannst, indem du sie bewußt entspannst. Dann geht dein Atem ruhiger, die Muskeln entspannen sich. Dein Kopf wird klar zum Denken.

Hier wird beschrieben, daß die Hauptperson durch ein Training gelernt hat, sich selbst zu kontrollieren. Dabei werden typische gedankliche, gefühlsmäßige und körperliche Reaktionen skizziert und als problematisch definiert. Zugleich werden sie aber nicht verteufelt, sondern als menschlich gekennzeichnet. Es wird den Kindern verständlich gemacht, wozu das Selbstkontrolltraining dient. Im nächsten Schritt wird die Entspannungsformel eingeführt, eine Selbstinstruktion, die die Streßreaktion früh unterbricht, die Körperreaktion über bewußtes Atmen unter Kontrolle bringt und die innere Ruhe fördert, die für freies und klares Denken nötig ist.

Diese Kontrolle über deinen Körper erreichst du mit deiner E-Formel, der Entspannungsformel: *Tief durchatmen! Ruhig bleiben! Klar denken!* Die E-Formel werdet ihr bei der Rettungsaktion der U-Boot-Insassen brauchen.

Du merkst, daß der riesige unterseeische U-Boot-Bunker jetzt geflutet wird. Deine Freunde werden unruhiger, auch dir wird etwas mulmig im Bauch, als du siehst, wie die Fluten über eurer Kommandokapsel zusammenschlagen. „Wie Fische im Aquarium", rufst du deinen Freunden zu. „Die haben Glück, wenn wir uns nicht in Piranhas verwandeln." Deine Freunde grinsen über deinen Spruch. Dann plötzlich blinkt draußen das blaue Licht. Das Hauptdock ist geflutet. Der kleinste Materialfehler, der geringste Fehler im Computer-System könnte das TR1 fortbewegungsunfähig machen! Eine Rettung durch ein anderes U-Boot ist in geschlossenen Räumen wie hier unmöglich. Für Taucher ist der Druck zu hoch. Da, die Schleusentore öffnen sich. Der Katapultausstoß zeigt optimalen Druck.

Aus dem Bordlautsprecher ertönt die Stimme des Funkers: „Zentrum an TR1, Zentrum an TR1, seid ihr bereit?" Du willst antworten, aber das Funksprechgerät gibt keinen Ton von sich. Bestimmt fehlen die Energie-Chips.

Wütend denkst du: „Verdammt, dieser Tom, hat er wieder die Chips vergessen!" Und du beschimpfst deinen Co-Piloten: „Idiot!"

Wieder ertönt der Bordlautsprecher. „Zentrum an TR1, Zentrum an TR1, meldet euch! Verdammt noch mal, was ist denn los! Es geht doch um Sekunden! Schlaft doch nicht! Seid ihr bereit? Kostbare Zeit geht verloren! Das fängt ja gut an!" Du brüllst Tom an: „Was die wohl draußen denken! Du bist verantwortlich dafür! Wo sind die Chips?"

Nervös fingerst du am Funkgerät herum, fluchst laut und schreist Tom weiter an. Er schreit zurück: „Spiel dich bloß nicht so auf!" Du brüllst: „Du bist doch dafür zuständig!" Dein Atem ist hastig. Du merkst, wie du die Fäuste ballst, die Schultern hochziehst und auf Tom am liebsten einschlagen würdest.

Hier wird die erste Streßreaktion beschrieben. Entsprechend dem Grundsatz „Vom Ärger zur Angst" handelt es sich zunächst um die *angriffslustige Variante* des Stresses. Dabei werden die Kinder nicht von Anfang an durch Aussagen verschreckt wie z. B.: „Du wirst aufgeregt und hast Angst, daß ihr es nicht schafft."

Aber du mußt ja einen klaren Kopf behalten, und es fällt dir deine E-Formel ein: *Tief durchatmen, Abstand halten und die beste Lösung suchen.* Das machst du jetzt: Du atmest erst einmal tief ein – bis in den Bauch – und wieder aus. Du merkst, deine Muskeln entspannen sich. Jetzt hast du dich wieder unter Kontrolle und kannst klar denken und entscheiden. Mit ruhiger und fester Stimme gibst du deine Anweisungen: „Die Energie-Chips fehlen, Tom, sieh mal im Computer-Raum nach! John, auch du bitte mal beim Laser!"

Sie können beobachten, ob Ihre Kinder beim Vorlesen „mitatmen". Wenn sie es wünschen, können Sie es ihnen auch mehrmals vorlesen. Auf *keinen* Fall sollten Sie daraus aber eine Anleitung zu einer Atemübung oder Entspannungsübung machen: Das verdirbt den Kindern den Spaß.

Du selbst hast auch eine Idee und prüfst nach, ob die Energie-Chips des zweiten Antriebs-Aggregats auch für das Funkgerät passen. Du nimmst sie zügig aus dem Aggregat heraus. Sie passen ins Funkgerät, die grüne Lampe leuchtet – es funktioniert! Das war cool!

Dann sprichst du ruhig und mit klarer Stimme: „TR1 an Zentrum! Alles o.k.! Eine kleine Panne – es kann losgehen!" Der Funker antwortet: „Zentrum an TR1, na endlich! Das hat ja gedauert! Ihr werdet jetzt gleich aus dem Hangar katapultiert. In ungefähr 5 Stunden und 50 Minuten müßt ihr das U-Boot erreicht und aufgeschweißt haben, sonst war alles umsonst. Viel Glück!"

Dir wird wieder mulmig im Bauch. Wenn das jetzt nicht klappt, ist alles vorbei. Deine Schultern, Arme und Beine sind zum Zerreißen gespannt. Plötzlich wirst du wie von einer Faust in den Sessel gedrückt. Das U-Boot schießt nach vorn. Du kneifst die Augen zusammen und beißt die Zähne aufeinander. Du denkst: „Nur nicht bewegen!" und hältst unwillkürlich den Atem an.

Aber du mußt ja gleich entscheiden, wo es langgehen soll. Dazu brauchst du einen klaren Kopf. Es fällt dir wieder deine E-Formel ein: *Tief durchatmen, Augen auf, klar denken!* Du atmest tief ein – bis in den Bauch – und wieder aus. Deine Muskeln entspannen sich. Du schlägst die Augen auf und siehst ganz deutlich, wie ein Lichtring auf euch zukommt. Das muß das Schachtende sein, aus dem ihr jetzt herauskatapultiert werdet.

Nicht jede Streßbewältigung führt zu einer aktiven Problemlösung. Oft hilft sie dabei, eine unangenehme Situation bewußt wahrzunehmen und besser auszuhalten.

Es wird ganz dunkel, als das TR1 in das offene Meer hineingleitet. Du schaltest die Rundumscheinwerfer ein. Direkt vor euch kreuzt ein Schwarm silberner Fische eure Bahn. Ganz fern oben schimmert es etwas heller. Irgendwo dort, 150 Meter über euch, scheint die Sonne auf das Meer. Nun bringst du eure Motoren auf volle Beschleunigung und hältst Kurs aufs Ziel. Die erste Hürde hast du geschafft. Du weißt, die Abenteuer haben gerade erst begonnen, aber in der nächsten halben Stunde wird erst einmal nichts Gefährliches passieren.

Du schaltest die automatische Steuerung ein. Ihr gleitet sanft schaukelnd im Zwielicht vorwärts. Du lehnst dich zufrieden und entspannt zurück in deinen bequemen Sessel. Dein Atem geht ganz ruhig und gleichmäßig, ein und aus, ruhig und entspannt. Das TR1 fährt zügig vorwärts und schaukelt dabei leise hin und her.

Jede Folge schließt mit einem kurzen beruhigenden Absatz, der der allgemeinen Entspannung dient. Manche Kinder mögen es, wenn man ihn besonders langsam und ausgedehnt vorliest, andere finden ihn eher langweilig. Auch hier soll man sich an den Wünschen der Kinder orientieren.

Zweite Folge: Angriff der Kraken

Nun fahrt ihr schon seit einer Stunde durch das blaue Halbdunkel, und es ist nichts weiter passiert. Du hast es dir bequem gemacht in deinem breiten gemütlichen Sessel und fühlst dich pudelwohl. Du siehst dir jetzt auch genauer an, was in der Tiefe um euch alles herumschwimmt. Da gibt es die merkwürdigsten Fische in schillernden silbernen Farben, außerdem kleine rötlich schimmernde und gelbliche und flache grüne.

Da, du siehst ein großes dunkelblaues Wesen – wie ein Ungetüm. Ein richtiges Monster. Das muß ein Riesenkrake sein! Diese Tiere sind, weil sie in so großer Tiefe leben, so gut wie unerforscht. Manch ein Meeresbiologe hält sie sogar für Hirngespinste. Kein Wissenschaftler könnte euch sagen, ob sie euch angreifen oder in Ruhe lassen werden.

Jetzt kommt es darauf an! Dir fallen die großen Augen auf, die sich ständig öffnen und schließen. Sie sehen fast aus wie zwei Lichter, die an- und ausgehen. Der dunkle Strich unter den Augen sieht aus wie eine höhnische Grimasse. Wenn sie vorbeischwimmen und durch die Bordfenster blicken, scheinen sie euch ganz gemein anzugrinsen. Da kann einem schon etwas mulmig zumute werden. Bildest du dir das ein, oder werden es mit der Zeit immer mehr Kraken? Du wirst nervös. Du spannst die Kiefermuskeln an, runzelst die Stirn. Es stimmt! Es werden immer mehr, und sie kommen näher heran. Ihr höhnisches Grinsen macht dich wütend. Wie häßlich sie aussehen! Du streckst dem Kraken, der dich gerade durchs Fenster anglotzt, die Zunge raus und schneidest ihm eine Grimasse. Du merkst, wie dich das etwas erleichtert.

> Humor bringt emotionalen Abstand. In angespannten Situationen hilft Humor, die Dinge auch von der spaßigen Seite zu sehen und sich zu entspannen. Viele Kinder haben ihren natürlichen Sinn für witzige Verfremdung und Komik bewahrt und sind meist sehr empfänglich für diese Art der Entspannung.

Da, plötzlich geht ein Ruck durch das U-Boot. Ein Krake hat euch von rechts angegriffen! Und noch ein Ruck! Ein anderer greift von links an – und wieder ein Stoß! Diesmal von unten. Von den dauernden Stößen hebt und senkt sich das ganze Schiff. Hin und her werdet ihr geschleudert, und das Schiff kommt dadurch immer wieder vom Kurs ab. Das kostet wertvolle Zeit. Und wie lange mag das Schiff diese Belastung noch aushalten? Du springst fast von deinem Sitz hoch und umklammerst das Steuerrad. Du wirst wütend, weil sie auch noch so hämisch grinsen.

„Die werden mich noch kennenlernen!" denkst du. Als sie auch noch die Lenkung blockieren, und ihr genau auf ein Felsenriff zutreibt, platzt dir der Kragen. Dein Atem ist hastig, die Muskeln sind zum Zerreißen angespannt. Voller Wut betätigst du den Knopf für den Laser, der eigentlich zum Aufschweißen des havarierten U Bootes gedacht ist. Du feuerst wie wild auf die Riesenkraken. Du hast Erfolg: Die Kraken ziehen sich zurück. Denen hast du es gezeigt!

Aber du mußt wieder einen klaren Kopf bekommen. Dort hinten rotten sie sich wieder zusammen, und es werden immer mehr.

Die E-Formel! Du atmest erst einmal tief durch. Du merkst, daß deine Arme das Steuerruder locker und sicher halten. Jetzt lehnst du dich zurück und kannst wieder klar denken und nach der besten Lösung suchen. Ein Blick auf die

Instrumententafel zeigt dir, daß du durch dein Schießen schon die Hälfte der Laser-Energie verbraucht hast. Die benötigt ihr später dringend. Du hast durch dein unkontrolliertes Handeln das Überleben der Insassen des havarierten U-Bootes gefährdet. So etwas darf dir nicht noch einmal passieren!

Nun siehst du, daß die Kraken sich wieder zusammenrotten und zu einem neuen Angriff ausholen. Und es sind viel mehr als vorher! Ihr Grinsen ist noch widerlicher, und du hast wieder dieses mulmige Gefühl im Bauch. Diese Ungeheuer machen dich richtig wütend. Du springst schon fast vom Sitz auf. Deine Hände umklammern krampfhaft das Steuerruder. Da! Sie kommen näher, und wieder greifen sie das TR1 an. Erst ganz leicht von hinten, dann immer heftiger von rechts, links, vorn, oben, von überall. Das TR1 taumelt nur so durch die dunkle See.

Du ballst vor Wut die Fäuste und beißt die Zähne zusammen. Sie sollen euch endlich zufrieden lassen! Dein erster Gedanke: „Diesen widerlichen Viechern brenne ich wieder eins mit dem Laser über, bis ihnen das Grinsen vergeht!" Als du schon fast wieder den Finger am Abzug des Lasers hast, fällt dir deine E-Formel ein: *Tief durchatmen, Abstand halten, die beste Lösung suchen!* Du atmest tief ein und wieder aus, lockerst die Schultern und lehnst dich im Sitz zurück und überlegst: „Was könnte ich noch tun? Den Laser darf ich nicht noch einmal benutzen, das ist klar." Was könntest du tun?

Da fallen dir die Augen der Kraken wieder ein, die mit ihrem ständigen Öffnen wie zwei Lichter aussehen, die an- und ausgehen. Und deren eigentümliche Art zu schwimmen. Sie bewegen sich ähnlich wie Quallen mit regelmäßigen Stößen fort. Da kommt dir die Idee, daß ihr beides nachahmen könntet. Dann halten sie euch vielleicht auch für einen Kraken. Rasch schaltest du die Rundumscheinwerfer ab und schaltest den Antrieb aus. Oben schaltest du zwei Lichter genauso an und aus, wie die Kraken ihre Augen öffnen und schließen. Erst mal sind die blauen Ungetüme verwirrt. Die Stöße hören fast auf, sie scheinen auch nicht mehr ganz so teuflisch zu grinsen, sondern eher blöd. Du schaltest auf Impulsantrieb. Schubweise, so wie die Kraken sich bewegen, fahrt ihr vorwärts. Jetzt lassen die Kraken gänzlich von euch ab. Sie glauben, euer Tauchrettungsschiff sei einer von ihnen.

Vorsichtig steuerst du hinter ein kleines Felsmassiv und achtest darauf, ob sie euch folgen. Als du sicher bist, daß kein Krake nachkommt, drehst du auf den alten Kurs und gibst wieder vollen Schub voraus. So, das wäre geschafft! Du lehnst dich in den Sessel zurück. Deine Muskeln entspannen sich ganz. Du kannst das Steuerruder loslassen und auf automatische Steuerung schalten. Du bist stolz auf deinen guten Einfall. Köpfchen statt Muskeln – das ist die Devise. Deine Stimmung ist prima. Du schließt die Augen und träumst von schönen Dingen.

Dritte Folge: Ärger an Bord

Das Boot fährt ruhig dahin. Drei Stunden lang seid ihr nun unterwegs. Noch eine knappe Stunde, dann seid ihr am Ziel. Alle sind froh, daß das Kraken-Abenteuer so gut überstanden ist und nun der Vergangenheit angehört. Alle Systeme arbeiten normal. Du sitzt im Cockpit und steuerst das Boot ruhig und sicher durch die tiefe See. Deine Mitarbeiter sind, bis auf Tom, der neben dir sitzt, in ihren Kojen und ruhen sich aus. Alles ist ganz friedlich.

Kinder sind *verschieden* und verhalten sich sehr unterschiedlich. Manche hören still und konzentriert zu und wollen, daß man ohne Pause weitermacht, manche reden spontan und häufig dazwischen – direkt bezogen auf den Inhalt oder auf den ersten Blick völlig „abwegig" –, andere fragen einem ein Loch in den Bauch und wollen ausführlich diskutieren, was die Hauptperson einer Geschichte alles machen könnte und wie irgendein Mitschüler ganz anders oder genauso ist. Und einige müssen sich dabei mit irgend etwas anderem beschäftigen: mit Bausteinen spielen, in Comics blättern oder malen – so wie manche Erwachsene beim Telephonieren umfangreiche Zeichnungen anfertigen. Alle diese unterschiedlichen Reaktionen beim Vorlesen oder Erzählen sollten Sie kommentarlos akzeptieren, solange die Kinder die Geschichten hören wollen. Auch wenn Sie den Eindruck haben, daß sie gar nicht bei der Sache sind. Sie können sicher sein: Die Kinder nehmen mehr auf, als Sie denken!

Plötzlich, in einer engen Kurve, in der du den Steuerknüppel ganz herumdrücken mußt, gibt es ein knackendes Geräusch, und der Knüppel bricht ab. „Verdammter Mist!" Du zuckst zusammen, dir wird ganz heiß bei dem Gedanken, was aus euch wird, wenn ihr ohne Steuersystem liegen bleibt. Ganz erstarrt guckst du den Steuerknüppel in deiner Hand an. Plötzlich siehst du, daß die Bruchstelle nicht frisch aussieht. Der Knüppel muß schon länger angebrochen gewesen sein.

Voller Wut springst du auf, ballst die Fäuste, beißt die Zähne zusammen. Dein Atem geht ganz heftig, und du schreist Tom an: „Der Knüppel war schon länger angebrochen! Du hättest das in der Endkontrolle schon merken müssen! Das ist jetzt das zweite Mal, daß du Mist baust! Du hast schon die Energie-Chips vergessen, du Pfeife!"

Aber Tom schimpft zurück: „Ich weiß gar nicht, was du willst! Was kann ich denn dafür, wenn dieses Ding kaputtgeht! Natürlich habe ich das vorher noch kontrolliert! Da war überhaupt nichts dran! Sicher hast du gepennt und die Kurve zu spät gesehen – und dann mit voller Wucht am Steuerknüppel gedreht und ihn umgeknickt!"

Du bist dir sicher, daß es anders war, und wirst total wütend, daß Tom dich beschuldigt. Du brüllst ihn an: „Du weißt ganz genau, daß es nicht so war! Auch der Reservesteuerknüppel ist nicht in seinem Fach, wo er sein soll! Um den hast du dich ja anscheinend auch nicht gekümmert! Mensch, ich glaube fast, du bist zu dämlich für unsere Fahrt! Wir hätten jemanden mitnehmen sollen, der besser aufpaßt als du!"

Du greifst in deiner Wut Tom schon am Arm. Deine Faust ist erhoben, und Tom reißt schützend die Arme hoch. Aber jetzt hier eine Schlägerei, das bringt gar nichts! – *Die E-Formel! Du atmest tief durch und gehst erst mal einen Schritt zurück.* Du läßt die Arme sinken. Dein Gesicht ist nicht mehr so grimmig, und du denkst: „Viel wichtiger als der Streit ist es, das Rettungsschiff wieder steuern zu können. Ich frage gleich mal die anderen", und du rufst nach oben: „Weiß einer, ob wir einen Reservesteuerknüppel haben und wo der ist?" John antwortet direkt: „Klar, im 2. Navigationsfach links neben dem Infrarotbildschirm!" Ja, da ist er! Jetzt geht es darum, ihn anzuschrauben. Du merkst, wie du ganz erleichtert bist und wie deine Wut verraucht ist. Dein Atem ist ruhig und gleichmäßig. Deine Hände haben aufgehört zu zittern, und du fängst an, den Rest vom alten Steuerknüppel abzutrennen.

Da macht es „Rrumms". Du guckst hoch und siehst es sofort: Das Boot sitzt fest! Durch die Streiterei ist zuviel Zeit verlorengegangen, und das Boot ist aufgefahren. Schon jagen dir wieder die Gedanken durch den Kopf: Wir sind viel zu schnell aufgefahren! Da kommen wir nie wieder frei! Das ist das Ende! Mensch, da kommen wir nie wieder raus! Du merkst, wie dir ein Kloß im Hals sitzt. Es rauscht in den Ohren, und du kannst nicht schlucken. Gerade willst du wieder aufspringen und Tom anbrüllen.

Aber du mußt lachen, weil du dich plötzlich daran erinnerst, wie dein Vater vor einigen Jahren sein Auto ungeschickt in den Graben gefahren hat. Es lag wie ein Fisch auf dem Trockenen. „Scheint vielleicht in der Familie zu liegen", denkst du und grinst. Dabei wirst du gleich ruhiger. „Ich muß nur anfangen zu überlegen." Du lehnst dich im Sessel zurück und kannst glasklar denken. Also, der normale Antrieb reicht nicht aus. Gibt es irgend etwas, was das Boot in Bewegung setzen könnte? Hhm.

Vielleicht, wenn alle sich plötzlich auf eine Seite des TR1

stellen würden, könnte es vielleicht freikommen, weil dann der Kiel weniger tief reicht? Nein, das würde nur bei einem kleineren Schiff gelingen. Also, was könnte man zusätzlich als Schubmittel zu den Turbomotoren nehmen? Den Laser? Ach, das bringt gar nichts. Die Sicherheitsbremsraketen? Das ist es! Den Motor volle Kraft zurück und gleichzeitig die Bremsraketen zünden!

Du springst auf und gibst mit klarer Stimme und ruhig deine Anweisungen. „Alle Leute auf ihre Posten! Tom, an die Sicherheitsbremsraketen! John, an die Turbomotoren! Auf ‚eins‘ alle Motoren volle Kraft zurück! Auf ‚zwei‘ eine Serie von Bremsraketen zünden. Los geht's! – Eins!" – die Motoren heulen auf. „Zwei!" – die Bremsraketen verlassen zischend ihre Rohre. Sofort macht das Schiff so einen Satz nach hinten, daß ihr Mühe habt, euch auf den Beinen zu halten.

Das habt ihr geschafft! Jetzt nur noch den Ersatzsteuerknüppel einklinken und volle Kraft voraus. Alle sind erleichtert. Du atmest ein paarmal tief ein bis in den Bauch und wieder aus. Du spürst, wie du dich dabei ganz entspannst.

Du siehst Tom an und machst ihm mit der Hand ein Zeichen. Das heißt: Wir werden gewinnen! Vergessen sind die gegenseitigen Beschimpfungen und der Streit. Du merkst jetzt wieder, daß du deine Freunde so richtig gern magst, und daß ihr euch aufeinander verlassen könnt. Wieder einmal hat es sich gezeigt, wie wichtig es ist, sich unter Kontrolle zu halten, um die beste Lösung zu finden.

Du lehnst dich ruhig in den Sessel zurück und schließt die Augen. Du denkst daran, wie euch die Leute draußen empfangen werden, wenn ihr erfolgreich von dieser Aufgabe zurückkehren werdet ...

Vierte Folge: Bleiben wir stecken?

Ihr fahrt in eurem Rettungsschiff weiter durch das Halbdunkel der See. Du weißt, vor euch liegt einer der schwierigsten Abschnitte der Reise, der Seetangwald. Der Seetang, zwischen dem ihr euch jetzt noch rasch vorwärtsbewegt, wird nämlich immer dichter, je näher ihr an die Stelle herankommt, wo sich das verunglückte U-Boot befindet. Jetzt sind die Felder schon so dicht, daß die Schraube des TR1 unweigerlich zerstört würde, wenn ihr mit dem Boot dort hineingeratet.

Das TR1 kommt jetzt nur durch, wenn du es völlig ruhig und ganz genau durch die lichteren Stellen steuerst. Hier kommt es besonders darauf an, eine ruhige und sichere Hand zum Steuern zu haben. Du merkst jetzt schon, daß ihr kaum Platz habt, rechts und links, unten und sogar oben rücken die schwarz-grünen Gespinste immer näher und bewegen sich auch noch. Sie werden immer ein bißchen enger und dann wieder weiter und dann wieder ein bißchen enger. Das macht das Steuern sehr schwierig.

Du merkst, wie dir wieder ganz mulmig im Bauch wird. Wenn wir hier steckenbleiben, kommen wir nie wieder raus! Der Angstschweiß steht dir auf der Stirn. Deine Hände umklammern den Steuerknüppel und halten ihn ganz fest. Die Muskeln in den Armen und Schultern sind angespannt. Du sitzt vorn auf der Kante vom Sessel und bist auch in den Beinen wie zum Sprung gespannt. Du stierst raus, siehst direkt vor euch, daß es noch enger wird. Du merkst, daß du anfängst zu zittern, der ganze Steuerknüppel zittert mit, das Schiff fängt an zu schlingern. Es stößt schon mit der Steuerbordseite in das Algenknäuel und jetzt auch gleich backbords. Bald sitzt ihr fest, wenn du nicht ruhiger wirst!

Erst hier wird Angst angesprochen. Die Hauptperson hat den Zuhörern gezeigt, daß sie kein „Weichei" ist, sondern eher zu viel unbeherrschte Stärke zeigt. Jetzt kann sie sich auch tiefere Gefühle wie Angst „leisten".

Hier brauchst du die E-Formel. Du sagst sie dir selbst ganz leise: *Tief durchatmen, ruhig bleiben und klar denken!* Du atmest tief ein, bis in den Bauch, und wieder aus, bis alle Luft raus ist. Gut, das entspannt! Deine Hände entkrampfen sich.

Das Zittern hört auf. Du fühlst dich wieder sicher und kannst dich vollkommen auf deine Aufgabe konzentrieren, das Lenken des TR1 durch den Seetangwald.

Hier bemängeln manche Kinder die langweiligeren Phasen „mit der blöden E-Formel". Sie sollten dann darauf hinweisen, daß die E-Formel und die Selbstberuhigung zu den Geschichten gehören und wichtig sind. Sie können auch mit ihnen zusammen versuchen, etwas anderes zu finden: „Was sollte ich denn eurer Meinung nach an der Stelle vorlesen?" Nur wenn die Kinder wegen der Entspannungsphasen die ganze Geschichte ablehnen, sollten Sie die jeweiligen Absätze einfach auslassen.

Aber wie sollt ihr da bloß durchkommen! Das ist wirklich viel zu eng. Dort paßt ihr gar nicht durch! Du denkst hin und her. Irgendwie muß das doch gehen! Da fällt dir wieder auf, daß die Algen sich in der Strömung hin und her bewegen: Mal weiter auseinander gehen, dann wieder ganz eng werden. Wenn ihr genau in dem Moment durchrutschen könntet, wenn sie wieder auseinander sind … Gute Idee! Du schätzt die Entfernung ab und achtest auf die Bewegung der Wände. Jetzt sind sie wieder weiter auseinander. Aber sie gehen auch schon wieder zu. 1, 2, 3 – nach 4 Sekunden gehen sie wieder auf. Jetzt mußt du feststellen, wie lange sie offen bleiben. 1, 2, 3 – auch 4 Sekunden! Sie schließen sich wieder. Ihr habt also nur knapp 4 Sekunden. So, du steuerst das TR1 dicht an den engen, aber einzigen Durchgang und wartest ab und zählst. 3, 4 – die Wände gehen wieder auf. Jetzt müßtest du eigentlich durchstarten.

Aber du merkst, daß du Angst hast und aufgeregt bist: Deine Hände sind um den Steuerknüppel geballt, Schultern und Muskeln schmerzen schon vor lauter Anstrengung. Dein Mund ist fest zusammengepreßt, dein Atem geht ganz hastig. Aus allen Poren bricht dir der Schweiß aus, und an allen Gliedern fängst du an zu zittern. Als du dies merkst, denkst du sofort wieder an die E-Formel. *Durchatmen, ruhig werden, mit klarem Kopf hindurch!* Du atmest erst einmal tief ein, bis in den Bauch, und du denkst: Nur Mut! Dein Atem geht ruhig und entspannt. Die Angst geht weg.

Die Algenwände sind gerade dabei, sich wieder zusammenzuziehen. Du zählst: 1, 2, 3, 4 – und gleich werden sie wieder weiter. Eins, – Gas geben und durchstarten! Das TR1 schießt nach vorn, du denkst einen Augenblick: „Hoffentlich bleiben wir nicht stecken!" Aber für ängstliche Gedanken ist jetzt keine Zeit! Du steuerst geradeaus – drei, vier – und direkt hinter dem Rettungsschiff schließen sich die schwarz-grünen Wände wieder.

Alle jubeln: „Geschafft, wir sind durch!" Ihr befindet euch hinter dem Algendickicht in der offenen See. Du weißt, nur noch wenige Meilen vor euch liegt das U-Boot. Jetzt müßt ihr euch ausruhen und auf die Befreiungsaktion vorbereiten. Du lehnst dich zurück in deinen Liegesessel. Dein Atem geht ruhig und entspannt, hin und her.

Deine Gedanken wandern zu den vergangenen Abenteuern: Der Start mit den fehlenden Energie-Chips. Die Angriffe der Riesenkraken, gegen die du schon die Hälfte eurer Laser-Energie verschossen hast! Der Ärger mit Tom um den abgebrochenen Steuerknüppel! Und gerade eben die Fahrt durch dieses Nadelöhr! All das habt ihr mit Hilfe deiner E-Formel erfolgreich geschafft. Vor euch liegt nur noch die Aufgabe, die eingeschlossenen Insassen des U-Bootes zu befreien. Du bist sicher, daß ihr diese Aufgabe auch noch schaffen werdet.

Fünfte Folge: Die Rettungsaktion

Der Sonar zeigt euch an, daß ihr das havarierte U-Boot bald erreicht haben werdet. Und wirklich, jetzt könnt ihr dort draußen im Halbdunkel des Meeres schon ganz schwach die schwarz-grauen Umrisse des U-Bootes erkennen. Sie wachsen beinahe unmerklich an. Ihr kommt näher und näher. Jetzt schwebt ihr etwa 10 Meter Meter vor ihm. Du stellst die Motoren ab und gibst dem Computer den Befehl, den automatischen Anker zu werfen, der dafür sorgt, daß ihr euch keinen Millimeter von eurem jetzigen Standort entfernt.

Du schaust dir genau die Lage des U-Bootes an. Es liegt gekippt auf der Steuerbordseite. In ihr klafft ein großes Loch. An dieser Stelle sind sie gegen das Riff geprallt. Nun, das sollte im Prinzip doch kein großes Problem für das TR1 sein. Ein U-Boot, das längsseits am flachen Meeresgrund liegt, an so was sollte das TR1 doch einfach ranfahren, andocken und die Leute rausholen. Das macht der Computer doch fast alleine. Du schaust auf die Uhr. In zwölf Minuten sind die Lufttanks des U-Bootes leer. Außerdem haben die Leute dann noch drei Minuten Luft. Das macht zusammen 15 Minuten. Genug Zeit für die Rettung!

Du entschließt dich, vorsichtshalber eine Kontrollrunde zu fahren. Langsam setzt sich das TR1 in Bewegung. Ihr fahrt vorsichtig an der langen, grauen Bootswand entlang. Jetzt müßt ihr um den Bug herum fahren. Du meine Güte, hier geht es fast senkrecht abwärts in einen Tiefseegraben. Das U-Boot wird nur durch einen kleinen Felsen vor dem Abrutschen in den Graben bewahrt! Eine plötzliche Strömung, eine falsche Bewegung kann das Schiff aus dem Gleichgewicht bringen und in den Graben rutschen lassen! Wie gut, daß ihr lieber noch eine Kontrollrunde gedreht habt. Hättet ihr gleich versucht anzudocken, wäre es vermutlich zu einer Katastrophe gekommen. Du mußt also versuchen, die Andockschleuse ganz sanft an das U-Boot zu setzen. Schon ein ganz leichter Schlag gegen das U-Boot könnte es in die Tiefe stürzen lassen und euch vielleicht sogar mitreißen. Du hast noch 8 Minuten und 48 Sekunden. Dann wird die U-Boot-Besatzung ersticken, und alles war umsonst.

Uff, die schwierigste Aufgabe bisher! Nur wenn du völlig ruhig bleibst und dich voll auf deine Aufgabe konzentrierst und wenn deine Hand nicht zittert, kann die Rettungsaktion gelingen. Bei dem Gedanken daran beginnst du schon unruhig zu werden. Du versuchst, das Ganze mal an einem Felsen zu erproben. Du steuerst so vorsichtig wie möglich. Doch plötzlich beginnst du zu zittern und – rumms – stößt du gegen den Boden. So etwas darf dir beim U-Boot nicht passieren. Noch einen Versuch gibt es nicht, denn du hast nur noch 3 Minuten 58 Sekunden. Angstschweiß steht dir auf der Stirn. Du merkst, wie deine Hände zittern und dein Atem stockt. Alle Muskeln sind zum Zerreißen gespannt.

„Ich muß ruhiger werden!" denkst du. Dazu ist die E-Formel da: *Tief atmen, ruhig bleiben und klar denken!* Du lehnst dich in deinen Sessel zurück und atmest tief ein, bis in den Bauch, und dann wieder aus. Du denkst: „Jetzt kann ich es schaffen! Ich werde ganz konzentriert lenken. Meine Hand ist ganz ruhig."

Du steuerst auf den Andockpunkt zu. Ihr schwebt einen Metet über ihm. Jetzt läßt du das Boot ganz langsam sacken. 58 Zentimeter, 57 Zentimeter, 56 Zentimeter. Du mußt das Steuer ganz ruhig halten, damit es keine Abweichungen gibt. Noch 39 Zentimeter bis zur U-Bootwand. Plötzlich – ein leichter Ruck. Du hast das Steuer etwas zu hastig bewegt, ihr seit 7 Zentimeter auf einmal gesackt! Deine Hände sind schweißnaß und werden wieder verkrampft. Du weißt, du brauchst jetzt dringend eine Pause und Entspannung. Du lehnst dich wieder zurück und atmest tief durch. Du wartest ab, bis du wieder ruhiger und sicherer wirst.

Jetzt gehst du wieder ans Werk. Ganz langsam sinkt ihr weiter. 3 Zentimeter, 2 Zentimeter, 1 Zentimeter. Ein leichtes Rütteln geht durch das Schiff. Du vernimmst das Zischen der Luftschleuse. „Wir haben es geschafft!" jubeln die anderen. Gleichzeitig merkst du, wie erschöpft du bist. Du überläßt das Steuerruder der Automatik, schaltest den Computerlaser zum Aufschweißen ein und lehnst dich in deinem Liegesessel zurück.

Der Computerlaser arbeitet rasch und präzise: Schnell ist das U-Boot aufgeschweißt, und die Kompressoren pumpen nun Frischluft in das U-Boot. Sekunden noch – dann wäre der Sauerstoff in dem U-Boot verbraucht gewesen! Deine Freunde nehmen sich der U-Boot-Mannschaft an, die nun völlig erschöpft an Bord kommt. Alle Leute sind gerettet, ihr könnt euch auf den Heimweg machen.

Du gibst dem Computer die Heimkoordinaten ein. Das Schiff setzt sich ruhig mit den Geretteten in Bewegung. Für den Rückweg könnt ihr den Umweg über die sichere Südroute fahren. Ihr habt jetzt viel Zeit und eine ruhige Fahrt vor euch, du kannst dich ausruhen. Deine Gedanken wandern ihre eigenen Wege. Du läßt sie einfach kommen und gehen, wie sie wollen.

Sabotage im Zirkus

(Karin Dörner)

Erste Folge: Aufruhr um die Gage

Du sitzt mit deinen Freunden auf der Treppe deines Wohnwagens und beobachtest nachdenklich das lebhafte, bunte
Treiben in der Zirkus-Stadt. Seit vier Wochen lebt ihr nun
schon im Zirkus Pamplona, und ihr fühlt euch, als ob ihr
schon immer dazugehört hättet.

Du mußt innerlich direkt lachen, denn nie im Leben hättest du daran gedacht, daß du einmal mit einer Zirkustruppe
von Stadt zu Stadt ziehen würdest. Deine drei Freunde, die
dich begleiten, haben ganz ähnliche Gedanken. Aber auch ihnen gefällt das abwechslungsreiche Zirkusleben sehr.

Angefangen hat die Sache vor etwa sechs Wochen. Damals
rief euch der Direktor des Zirkus Pamplona an und bat euch
dringend um eure Hilfe. Er steckte in großen Schwierigkeiten,
und da er schon oft von euch gehört hatte, setzte er große
Hoffnungen in euch. Ihr vier Freunde seid ein gut eingespiel-
tes Team und habt schon viele wichtige Aufgaben gelöst und
eine Menge aufregender Abenteuer erlebt.

Um auch den schwersten Anforderungen gewachsen zu
sein, habt ihr für euch ein ausgeklügeltes Trainingsprogramm
aufgestellt, das ihr so oft wie möglich zusammen ausübt. Das
Wichtigste dabei sind die Entspannungsübungen, die euch
helfen, in schwierigen Situationen einen klaren Kopf zu behalten. Jeder von euch weiß, daß ihr eine gefährliche Situation
nur bewältigen könnt, wenn jeder ruhig bleibt, gut überlegt
und gezielt handelt. Dazu hat jeder von euch seine Entspannungsformel, kurz E-Formel, die ihm Sicherheit und Selbstvertrauen gibt.

Der Zirkusdirektor erzählte euch damals, daß in letzter Zeit viele unerklärliche Dinge passierten, die ihm Sorge machten. Sachen verschwanden, mehrere Wohnwagen waren beschädigt worden, Tiere wurden krank, und es entstand eine unruhige, gereizte Stimmung unter den Zirkusleuten. Der Direktor dachte an Sabotage und vermutete, daß irgend jemand aus der Zirkustruppe seine Hand im Spiel hatte. Er war deshalb unendlich erleichtert, als ihr euch bereit erklärtet, eine Weile mit dem Zirkus herumzuziehen, um die Sache aufzudecken. Ja, und nun lebt ihr schon seit einem Monat mit den Zirkusleuten. Niemand außer dem Direktor weiß, welche Aufgabe ihr habt. Denn ihr habt erzählt, daß ihr ein Team seid, das ein Drehbuch für einen Film über den Zirkus schreiben soll. Die Artisten haben euch freundlich aufgenommen. Sie beantworten geduldig alle eure Fragen, lassen euch bei den Proben zusehen und verraten euch ihre Tricks.

Du bist ganz schön überrascht, wieviel harte Arbeit hinter jeder Nummer steckt. Am meisten bewunderst du Martingal, den Dompteur. Er arbeitet mit Löwen, Tigern und Panthern zusammen, die sich in der Natur spinnefeind sind. Martingal aber schafft es mit unendlicher Geduld und Konzentration, daß alle Tiere zusammen in einer Show-Nummer arbeiten. Du denkst daran, wie toll es ist, wenn die zwei schwarzen Panther durch die brennenden Reifen springen und sich danach wie zwei verspielte Katzen von Martingal kraulen lassen. Oder wenn das Tigerweibchen auf Martingals leisen Befehl dem Löwen Sindbad auf den Rücken springt.

In Gedanken versunken läßt du deinen Blick über den großen Platz vor dem Zirkuszelt schweifen. Da siehst du plötzlich Philippo, den Clown, aufgeregt gestikulierend auf den Wohnwagen des Direktors zulaufen. Viele andere Artisten folgen ihm. Sie bleiben vor dem Direktionswagen stehen und diskutieren erregt miteinander.

„Komisch", murmelst du, „was haben die bloß?" Du merkst, wie du unruhig wirst. Jetzt siehst du, wie der Zauberer Wudu, bei dessen Nummer es im Zirkuszelt immer mucksmäuschenstill ist, drohend die Faust gegen den Wohnwagen schüttelt. Deine Unruhe wächst, und dein Atem wird hastiger. Du siehst, daß einige schon Steine aufheben.

„Um Himmels willen, gleich passiert ein Unglück! Gleich werfen sie mit Steinen!" Blitzschnell springst du auf und hechtest über den Platz. Wirre Gedanken schießen dir durch den Kopf.

Doch da fällt dir deine E-Formel ein: *Tief durchatmen, Abstand halten, ruhig bleiben!* Du hältst an, atmest erst einmal tief ein und aus. Und schon kannst du wieder klar denken. Es nützt nichts, wenn du dich auf einzelne Leute stürzt. Das wird sie nur noch mehr anheizen. Du mußt die Menge beruhigen, damit du erfährst, was los ist. Am besten ist es, ganz laut und deutlich zu ihnen zu sprechen.

Mit langen, energischen Schritten gehst du auf die Menge zu und rufst laut und deutlich: „Ruhe!", und noch einmal: „Ruhe!" Nach und nach verstummt das drohende Geschrei, und schließlich tritt Martingal vor und sagt: „Der Direktor will unsere Gage nicht auszahlen! Aber heute ist der Erste, und wir brauchen das Geld." Er ist äußerst aufgebracht, und seine Augen funkeln zornig.

„Weißt du, warum er euch das Geld nicht geben will?" fragst du ihn. „Nein", verlegen zuckt er mit den Schultern und senkt den Blick. „Gut." Du wendest dich den anderen zu. „Ich spreche mit eurem Direktor und kläre die Angelegenheit. Mit Wut und Drohungen erreicht ihr gar nichts." Die meisten nicken zustimmend und gehen langsam zu ihren Wohnwagen zurück. Einige rühren sich nicht von der Stelle und werfen dir giftige Blicke zu. „Manche suchen richtig Streit", denkst du, „die sind erst froh, wenn sie sich mit jemandem in den Haaren liegen!"

Du klopfst an die Tür des Wohnwagens und trittst ein. Der kleine, dicke Zirkusdirektor sitzt mit zerrauften Haaren in der hintersten Ecke seines Wagens und guckt dir furchtsam entgegen. „Sind sie weg?" stöhnt er und wischt sich mit zitternden Fingern seine schweißnasse Stirn ab. Du nickst, und er seufzt erleichtert auf. Er deutet auf eine aufgebrochene Schranktür und ächzt: „Man hat mich beraubt! Das ganze

Geld ist weg! Meine Geldkassette ist gestohlen! Ich kann die Leute nicht bezahlen! Ich bin ruiniert!" Jammernd schlägt er die Hände vors Gesicht.

Du trittst näher und betrachtest die Bescherung. Da hat jemand mit roher Gewalt den Schrank aufgebrochen. Das kann kein Profi gewesen sein! Du merkst, wie du zornig wirst. „So eine bodenlose Gemeinheit!" denkst du. „Die Zirkusleute haben so hart dafür gearbeitet." Wenn du den zwischen die Finger kriegst, der das getan hat! Eine Hitzewelle steigt dir ins Gesicht, und du ballst die Fäuste, als würdest du gleich auf etwas einschlagen wollen. Aber du mußt einen klaren Kopf behalten. Die E-Formel: *Tief durchatmen, nachdenken und das Richtige tun!*

Du überlegst, was jetzt als erstes gemacht werden muß, und dir fällt sofort auch etwas ein. „Sie müssen die Versicherung anrufen", sagst du zu dem Direktor. „Der Zirkus ist doch gegen Diebstahl versichert!" Wie elektrisiert springt der Direktor bei deinen Worten in die Höhe. Mit strahlendem Gesicht fällt er dir um den Hals und jubelt: „Das ist die Rettung! Die Versicherung, natürlich! An die hab' ich überhaupt nicht mehr gedacht!" Nach einer Weile verläßt du den Wohnwagen und den glücklichen Direktor, der mit seiner Versicherung telefoniert.

Du hast die schwache Ahnung, daß es nicht immer so leicht sein wird, die richtige Lösung zu finden. Du erzählst deinen Freunden die ganze Geschichte. „Der könnte als kopfloser Mann im Zirkus auftreten", schlägst du vor. Deine Freunde finden den Vorschlag super, und du mußt sie davon abhalten, ihn überall herumzuerzählen. Schließlich seid ihr hier, um ein ernstes Problem zu lösen.

Am Abend ist wieder Ruhe im Zirkus eingekehrt. Die Versicherung hat ihre Zusage gegeben, den Schaden zu bezahlen. Die Wogen der Erregung haben sich geglättet. Du sitzt mit deinen Freunden vor eurem Wohnwagen. Ihr genießt die laue Sommernacht und schaut in den sternenklaren Himmel. Du bist sehr zufrieden mit dir. Du lehnst dich entspannt zurück und läßt deine Gedanken ihre eigenen Wege gehen.

Zweite Folge: Wer stand hinter dem Vorhang

Heute ist ein wunderschöner Sommertag. Du schlenderst mit deinen Freunden durch die Zirkusstadt und beobachtest mit scharfen Augen alles, was vor sich geht. Bisher habt ihr noch keinen Hinweis auf den gefunden, der die Geldkassette des Direktors gestohlen hat. Gestern abend habt ihr noch lange zusammengesessen und über die Ereignisse des Tages diskutiert. Aber keiner von euch hatte eine brauchbare Idee. Zwei Fragen bewegen euch: Wer ist der Dieb, und wer ist für den Aufruhr vor dem Wagen des Zirkusdirektors verantwortlich? Keiner von euch glaubt daran, daß die Zirkusleute von selbst eine solche Wut auf den Zirkusdirektor hatten. Irgend jemand muß sie aufgestachelt haben.

Zuerst denkst du an Martingal, der für die Leute geredet hat. Oder war es der Clown, der besonders aufgeregt und wütend war? Dir kommt auch die Idee, daß Wudu etwas damit zu tun haben könnte. Angestrengt grübelst du nach. Keiner kennt ihn so recht, das weißt du. Er ist noch nicht lange beim Zirkus und hat hier überhaupt keinen Freund. Er ist oft allein, und nie sieht man ihn mal lachen. Oder sind es die Akrobaten, die immer zusammenhocken und glauben, daß sie etwas Besseres sind als die anderen? Du merkst, wie dich diese Gedanken nicht weiterbringen, und wendest dich wieder anderen Dingen zu.

Die Zirkusleute sind alle ganz aufgeregt, denn heute abend findet der große Gala-Abend statt. Der Bürgermeister und viele andere wichtige Leute werden kommen, und die Artisten wollen natürlich ihr Bestes geben. Ihr betretet das Zirkuszelt, um zuzusehen, wie sie proben. Die Akrobaten üben unermüdlich ihre Saltos. Blitzschnell wirbeln sie durch die Luft und landen sicher wieder auf ihren Füßen. Toll sieht das aus! Ihr schaut ihnen eine Weile zu, und dann inspiziert ihr gründlich das ganze Zirkuszelt. Nach den gestrigen Vorfällen wollt ihr ganz sicher gehen, daß heute abend alles klappt.

Doch du bist unruhig und nervös, und deine Spannung

überträgt sich auch auf deine Freunde. Jetzt seid ihr in der Orchesterloge. Deine Augen gleiten hastig hin und her. Du runzelst deine Stirn und beißt dir auf die Lippen. Irgend etwas stimmt hier nicht, denkst du und ziehst die Schultern hoch. Du blickst dich noch einmal gründlich um. Da, der Vorhang zur Beleuchterkabine bewegt sich. Erregung packt dich. Da muß jemand sein, der nicht hierher gehört, denkst du. Du atmest hastig. Dein Puls geht schnell. Deine Gedanken rasen. „Wer ist hinter dem Vorhang? Ist er gefährlich? Will er dich angreifen?" Dein Körper ist zum Zerreißen gespannt. Du darfst dich nicht von deiner Aufregung zu kopflosem Handeln hinreißen lassen!

Du sprichst in Gedanken deine E-Formel vor dich hin: *Tief einatmen und Ruhe bewahren!* Das tust du jetzt. Du atmest tief ein und aus und merkst, wie die Anspannung aus deinem Körper verschwindet. Du hast dich voll in der Gewalt und kannst wieder klare Gedanken fassen: Du mußt den Eindringling überraschen, dann hast du vielleicht eine Chance, ihn zu schnappen. Du wirst das Licht ausdrehen und seine Verwirrung ausnutzen, ihn zu stellen.

Gesagt, getan! Unendlich vorsichtig schleichst du dich an den Lichtschalter, drehst ihn mit der einen Hand und ziehst mit der anderen den Vorhang auseinander. Da, ein greller Blitz, ein furchtbarer Knall! Tiefe Dunkelheit umgibt dich. Der ganze Zirkus ist stockdunkel. So ein Mist! Ein Kurzschluß! Damit hast du nicht gerechnet! Du erhältst einen kräftigen Stoß vor die Brust, taumelst, und bevor du dich aufraffen kannst, ist eine dunkle Gestalt an dir vorbeigehuscht und rennt die Treppe hinunter. Du merkst, wie dein Gesicht ganz heiß wird vor Wut. Deine Gedanken überstürzen sich. Du mußt ihn unbedingt fassen, er darf nicht entkommen. Hektisch suchst du dir einen Weg in der Dunkelheit, fällst über umgestürzte Stühle, stößt dir das Schienbein an einer Kante, und das tut tierisch weh. Du merkst, wie du die Zähne aufeinanderbeißt in ohnmächtigem Zorn. „Wo ist denn bloß die Treppe?" Dein Atem geht hastig, und dein Puls rast. So wirst du ihn nie fassen!

Du denkst an die E-Formel: *Tief durchatmen, stehenblei-ben, überlegen!* Du hältst an, holst tief Luft und atmest wie-der aus. Du merkst, wie sich dein Puls beruhigt, und du kannst wieder vernünftig denken. Einige Leute brüllen und schimpfen. Es klingt nach einem völligen Chaos. Du mußt zuallererst mal etwas Licht haben, um dich zu orientieren. In deiner Hosentasche hast du eine Taschenlampe. In ihrem Licht findest du den Weg zur Treppe.

Nun hörst du von unten aus der Menge aufgeregte Stimmen rufen. „Was ist los? Was ist passiert?" Du hast wieder die Kontrolle über dich und rufst beruhigend hinunter: „Es ist nichts Schlimmes, nur ein Kurzschluß! Bringt noch mehr Licht!"

Während du in der Dunkelheit wartest, überlegst du, was zu tun ist. Der Eindringling ist entkommen. Jetzt müßt ihr nachsehen, was für ein Schaden bei der Beleuchtung entstan-den ist. Das ist das Allerwichtigste, denn ihr habt nur noch ein paar Stunden bis zur Abendvorstellung. Deine Freunde sind im Nu mit weiteren Taschenlampen zur Stelle, und dann seht ihr mit Entsetzen, daß sämtliche Elektrokabel für die Scheinwerfer zerschnitten sind. Das erklärt auch den schreck-lichen Kurzschluß von vorhin. Gott sei Dank habt ihr den Schaden rechtzeitig entdeckt. Du flüsterst deinen Freunden zu: „Wartet hier", und machst dich auf die Suche nach dem Zirkuselektriker. Du erklärst ihm kurz die Situation und be-schwörst ihn, nichts von dem hinterhältigen Anschlag zu ver-raten, um die Artisten vor dem großen Gala-Abend nicht in Angst und Unruhe zu versetzen. Tatsächlich gelingt es, den Schaden rechtzeitig zu beheben. Das ist auch euer Verdienst.

Am Abend nehmt ihr, froh über das Gelingen eurer Arbeit, mit den Ehrengästen Platz in der Ehrenloge. Die Musik er-tönt, die Scheinwerfer erstrahlen in tausend bunten Farben, und du lehnst dich bequem in deinen Sessel zurück und ge-nießt das Schauspiel.

Dritte Folge: Eine aufregende Nacht

Du sitzt auf deinem Bett und schaust auf deine Uhr. Es ist drei Uhr morgens. Verwundert schüttelst du den Kopf über dich. Wieso bist du aufgewacht? Sonst schläfst du doch auch wie ein Bär.

Ach ja, da fällt es dir wieder ein. Du hattest einen scheußlichen Traum. Die Zirkusleute kamen auch darin vor. Aber du kannst dich nicht mehr ganz genau erinnern. Wudu spukte wie ein Gespenst darin herum. Martingal verwandelte irgendwie seine Tiger in schreckliche Monster. Die Akrobaten flogen wie Vögel herum. Du würdest gern wieder einschlafen, aber euer Problem geht dir nicht aus dem Kopf: Wer sabotiert den Zirkus? Jetzt fängt auch noch einer deiner Freunde an zu schnarchen. Kein Gedanke mehr an Einschlafen.

Grimmig stehst du auf und verläßt still den Wohnwagen, um die anderen nicht zu wecken. Du setzt dich auf die Treppenstufen und betrachtest die schlafende Zirkus-Stadt. Im hellen Vollmond ist alles deutlich zu erkennen. Plötzlich siehst du hinten bei den Raubtierställen eine dunkle Gestalt. Sie zögert einen Augenblick an der Tür, sieht sich vorsichtig um und verschwindet dann im Stall. Das bedeutet nichts Gutes. Alarmiert springst du auf und weckst deine Freunde. Die sind sofort auf den Beinen und ebenso wach wie du, als du ihnen erzählst, was du gesehen hast. Blitzschnell seid ihr angezogen, schnappt euch eure Walkie-talkies und rennt zu den Ställen.

„Umstellt das Gebäude!" flüsterst du deinen Freunden zu, und sie verschwinden lautlos hinter der Ecke. Die Stalltür ist nur angelehnt. Du ziehst sie vorsichtig weiter auf und schlüpfst hastig durch den schmalen Spalt. Der scharfe Raubtiergeruch nimmt dir fast den Atem. Nach dem hellen Vollmondlicht ist es hier drin im ersten Moment stockfinster. Du kannst nichts erkennen. Du strengst deine Ohren an, aber außer dem Schnauben der Tiere ist kein Laut zu hören. Doch, da! Ein leises, metallisches Klicken. Du merkst, wie du ganz aufgeregt wirst. Da, wieder ein Geräusch! Jetzt siehst du auch hinten im Stall eine schemenhafte Gestalt, die sich an dem Käfig des riesigen Löwen Sindbad zu schaffen macht. Dir stockt der Atem.

Jetzt hörst du ganz deutlich, wie ein Riegel zurückgeschoben wird. „Um Himmels willen, da will jemand den Löwen rauslassen! So ein Mistkerl!" schießt es dir durch den Kopf. „So eine bodenlose Gemeinheit, der Löwe kann einen Menschen umbringen!" Dich packt die blinde Wut. Du knirschst mit den Zähnen und ballst deine Fäuste.

Du mußt dich beherrschen, sonst machst du nur Unsinn. Die E-Formel! *Tief durchatmen, ganz vorsichtig, nichts überstürzen.* Der Verbrecher hat dich noch nicht gesehen. Du atmest tief ein und aus. Du merkst, wie du dich beruhigst. Die Anspannung in deinem Gesicht läßt nach. Lautlos schleichst du dich Zentimeter für Zentimeter an der Wand entlang. Du beherrschst alle deine Muskeln. Dein Körper ist geschmeidig wie der einer Katze. Diesmal wirst du den Verbrecher fassen. Diesmal entkommt er dir nicht. Noch ein Schritt!

Da dreht er sich plötzlich um und sieht dich. Mit einem heiseren Wutschrei reißt er sich den schwarzen Mantel von den Schultern und schleudert ihn über dich. Du verhedderst dich in dem schweren Stoff und brauchst ein paar Sekunden, um dich zu befreien. In dieser Zeit ist der Mann mit ein paar riesigen Sprüngen den Gang heruntergehetzt und durch die Tür verschwunden.

Du blickst zu dem Löwenkäfig und erstarrst. Die schwere Käfigtür steht sperrangelweit offen, der riesige Löwe sitzt in der Öffnung. Er blickt dich mit glühenden Augen an. Sein Schweif peitscht wild auf den Boden. Dein Atem stockt, Arme und Beine sind wie gelähmt. Dein Kopf ist leer.

Der schwarze Stoff liegt zerknüllt zu deinen Füßen. „Batman", denkst du, „Batman würde das ganz cool angehen. Vielleicht würde er den Löwen hypnotisieren." Schade, daß du das nicht kannst. Vielleicht ist ein Clown der Joker, aber leider bist du nicht Batman. Aber ruhig handeln kannst du auch. Du überlegst: Du hast keine Waffe, um dich zu verteidigen. Du mußt versuchen, die Käfigtür zu schließen. Wenn der Löwe sich auf dich stürzt, bist du verloren. Vorsichtig machst du einen Schritt auf den Käfig zu. Gereizt schüttelt der Löwe sein gewaltiges Haupt und läßt ein dumpfes Grollen hören. Dein Herz bleibt für einen Augenblick fast stehen.

Tief durchatmen! Du wirst es schaffen! Wie geht denn der Dompteur Martingal immer mit den Tieren um? Jetzt erinnerst du dich: Martingal spricht ganz sanft und leise auf seine Tiere ein und guckt ihnen dabei fest in die Augen. Das ist es! Das mußt du auch tun! Du richtest deinen Blick fest auf Sindbads Augen und sprichst beruhigend zu ihm, so wie du es von Martingal gehört hast. Dein Atem geht gleichmäßig, deine Stimme ist sicher und schwankt nicht. Deine Augen blicken geradeaus in Sindbads Augen. Nach einer Weile hört Sindbad auf, mit dem Schweif zu peitschen. Er richtet seine Ohren auf und lauscht. Schließlich schließt er die Augen und läßt ein wohliges Brummen ertönen. Dann läßt er sich schwer zu Boden gleiten und bleibt ruhig liegen.

Du handelst sofort. Du machst ruhig zwei lange Schritte, schließt die Eisentür und schiebst den Riegel vor. So, das wäre geschafft! Wie klug und besonnen du dich in dieser gefährlichen Lage verhalten hast! Du kannst wirklich stolz auf dich sein. Wenn du die Nerven verloren hättest, wärest du jetzt wohl nicht mehr am Leben. Wenn Sindbad freigekommen wäre, hätte er auch für alle anderen eine große Gefahr bedeutet. Wenn es mit der Detektivarbeit nicht klappt, kannst du dich immer noch als Raubtierdompteur bewerben, denkst du. Offensichtlich bist du ein Naturtalent.

Du betrachtest noch einmal nachdenklich den ruhenden Löwen. Dabei entdeckst du ein großes Stück Fleisch in der einen Käfigecke. Es sieht anders aus als das Fleisch, das die Tiere sonst bekommen. „Komisch", denkst du, „Martingal füttert seine Tiere doch immer mittags, und es bleibt nie etwas übrig." Aber vielleicht hat Martingal Sindbad heute abend eine besondere Belohnung gegeben. Dann kommt dir aber ein Gedanke, und du erschrickst. Vielleicht hat aber der entkommene Verbrecher irgendwas mit dem Fleisch vor. Auf jeden Fall willst du das Fleisch sicherstellen und morgen mit

Martingal darüber sprechen. Du entdeckst einen langen Eisenhaken an der Wand und ziehst mit ihm das Fleisch aus dem Käfig. Träge schaut dir Sindbad dabei zu. Er scheint keinen großen Hunger zu haben. Du hebst das Fleisch und den schwarzen Mantel auf und verläßt nach einem letzten prüfenden Blick den Raubtierstall.

Mit dem Walkie-talkie rufst du deine Freunde zurück zum Wohnwagen. Sie sind äußerst bestürzt, als sie hören, daß der Verbrecher zum zweiten Mal entkommen ist. Aber du beruhigst sie und weist auf den Mantel hin. „Das ist ein wichtiges Beweisstück. Morgen werden wir den Verbrecher überführen!"

Du lehnst dich bequem zurück und schließt die Augen. Du bist zufrieden und entspannt. Dein Atem geht ruhig und entspannt – hin und her. Du merkst, wie gut das tut. Alle Muskeln werden schwer, in den Armen, den Schultern, im Rücken, in den Oberschenkeln, den Unterschenkeln, bis in die Füße. Du träumst davon, wie du dich zu den Bravo-Rufen und dem Klatschen der Zuschauer verbeugst.

Nach einer Weile wirst du durch Stimmen geweckt. Die Nacht ist vorbei, die Sonne geht auf, und die Zirkusleute fangen an zu arbeiten. Bevor du die Augen öffnest, reckst du die Arme ein paarmal kräftig über den Kopf und streckst die Beine aus, so lang es geht. Nun öffnest du die Augen.

Vierte Folge: Das vergiftete Fleisch

Der Tag ist nur ganz langsam vergangen. Müde gehst du zu dem Wohnwagen des Zirkusdirektors. Du bist enttäuscht, denn bei der Suche nach dem Unbekannten hast du keinen Erfolg gehabt. Den ganzen Tag lang habt ihr euch die Füße wundgelaufen, habt jeden gefragt, aber kein einziger konnte euch sagen, wem der schwarze Mantel gehört. Keiner kannte den Mantel, keiner hatte ihn je gesehen.

Der einzige, den ihr noch nicht gefragt habt, ist Wudu. Aber einige hatten gesehen, daß er in seinem Wagen gestern abend weggefahren war. Er kommt erst in ein paar Stunden zur Abendvorstellung zurück. Du hattest es dir gestern nacht so leicht vorgestellt, den Verbrecher zu entlarven, und jetzt dies! Zornig preßt du die Lippen zusammen und schiebst trotzig dein Kinn vor. Du allein hast schuld, daß der Verbrecher noch auf freiem Fuß ist. Du wirst wütend auf dich selbst. Du denkst daran, wie du den Kerl schon fast zwischen den Fingern hattest. Das Blut steigt dir in den Kopf, aber du läßt dich nicht von deinem Ärger beherrschen. Die E-Formel! *Tief durchatmen, überlegen!* Du merkst, wie gut dir das tut, wie sich die Spannung in deinem Körper löst. Dein Kopf wird wieder klar. Dir wird schon was einfallen. „Der Kerl entkommt mir nicht!" murmelst du und klopfst energisch an die Tür des Direktionswagens.

Als du eintrittst, siehst du deine Freunde mit langen Gesichtern vor dem Schreibtisch des Direktors stehen. Der Direktor schaut dir mürrisch entgegen. Er hat offensichtlich schon von eurem Mißerfolg gehört. „Ihr seid mir feine Helden", brummelt er. „Diebe und Mörder laufen hier frei herum, und ihr kriegt sie nicht! Wozu habe ich euch denn eigentlich engagiert?" Seine Miene wird immer finsterer, seine Stimme immer lauter. „Seit einem Monat hängt ihr hier herum, nervt alle Leute und bringt nichts zustande!"

Zornesröte schießt dir ins Gesicht. „Das ist ungerecht und unfair", denkst du. Du streckst angriffslustig dein Kinn vor und spannst die Schultermuskeln an. Jetzt schlägt der Direktor mit der Faust auf den Tisch. „Ich will Erfolge sehen", brüllt er, „dafür bezahle ich euch schließlich!" Du merkst, wie du immer ärgerlicher wirst. Du hebst schon an, um zurückzubrüllen. „Aber das hilft ja auch nicht weiter!" denkst du. *Tief durchatmen, Ruhe bewahren!* Dem Direktor soll es nicht gelingen, dich wütend zu machen. Du merkst, wie du ruhig wirst. Soll der Direktor doch schreien! Du merkst, wie sich dein Kinn und die Schultern entkrampfen. Das Geschrei des Direktors rauscht an dir vorbei. Du schließt kurz die Augen und fühlst, wie du immer gelassener wirst. Das Gebrüll des Direktors ist verstummt. Du öffnest deine Augen und siehst ihn an. Er lehnt mit puterrotem Gesicht an seinem Schreibtisch. Keuchend schnappt er nach Luft wie ein Fisch auf dem Trockenen. Die Luft ist raus, denkst du und mußt innerlich ein wenig lachen.

Jetzt erklärst du ihm einfach mit klaren Worten, wie sich alles abgespielt hat. Zum Schluß versicherst du ihm, daß er sich vollkommen auf euch verlassen kann. Du hast ihn mit deiner Ruhe überzeugt. Das siehst du ihm an. Ihr verlaßt den Direktor und geht zu eurem Wohnwagen.

Nun fällt dir wieder ein, daß du Martingal nach dem Fleisch fragen wolltest, das du in der Nacht aus Sindbads Käfig gefunden hast. Vielleicht führt das ja zu dem Unbekannten. Ihr lauft zu eurem Wagen und wollt das Fleisch holen. Aber was ist das? Es liegt nicht mehr auf dem Teller. Suchend blickst du umher und siehst ein kleines rotes Rinnsal, das vorn am Schrank hinunterläuft. „Es muß vom Teller gefallen sein", murmelst du und bückst dich nach unten und tastest mit deinen Händen unter den Schrank. Plötzlich fühlst du weiches Fell an deinen Händen. „Das muß eine Katze sein", denkst du, „aber sie rührt sich ja gar nicht!" Du ziehst sie unter dem Schrank hervor. Eine schöne, schwarze Katze, aber sie ist ganz steif und tot!

Entsetzt betrachtest du das arme Tier. Sie muß von dem Fleisch gefressen haben. Ein Stück davon hängt noch zwischen ihren Krallen. Ihre Zunge hängt ganz dick und schwarz aus ihrem Maul. „Das Fleisch war vergiftet", rufst du deinen drei Freunden zu, die neugierig durch die Tür schauen. „Wenn Sindbad davon gefressen hätte, wäre er jetzt auch tot!" Schreckerfüllt blickt ihr euch an.

Dieser Verbrecher schreckt vor gar nichts zurück. In dir festigt sich immer mehr der Verdacht, daß Wudu der Täter ist. Alle, die ihr heute gefragt habt, waren gestern nacht zuhause. Alle hatten ein Alibi, bloß Wudu war nicht im Zirkus. Er hätte ohne Schwierigkeiten zurückkehren und die böse Tat im Raubtierstall verüben können. Ihr müßt ihn streng überwachen, wenn er zurückkommt. Falls er überhaupt zurückkommt. Ihr beschließt, euch noch ein wenig auszuruhen vor dem heutigen Abend.

Du setzt dich hin und lehnst dich bequem zurück. Du atmest ruhig und gleichmäßig. Du merkst, wie sich dein ganzer Körper entspannt und schwer wird. Du läßt deine Gedanken kommen und gehen, wie sie wollen.

Fünfte Folge: Rettung in letzter Sekunde

Ihr sitzt im Zirkus dicht am Manegenrand und beobachtet das Geschehen in der Manege mit gespannter Aufmerksamkeit. Bisher ist die Vorstellung abgelaufen wie sonst auch. Es hat sich nichts Besonderes ereignet. Du bist unruhig und nervös. Du kannst gar nicht stillsitzen. Du rutschst dauernd auf deinem Platz hin und her. Du denkst an Wudu, der noch nicht wieder aufgetaucht ist. Ihr habt lange auf ihn gewartet, aber er hat sich nicht blicken lassen. Niemand weiß, wo er sich aufhält. Ist er der Täter? Werdet ihr ihn ergreifen können? Könnt ihr ihm seine Verbrechen nachweisen? Alle diese Fragen schwirren in deinem Kopf herum und wühlen dich auf.

Nur noch zwei Nummern, dann ist die Vorstellung vorbei. Jetzt wäre Wudu an der Reihe. Da, ein dumpfer Trommelwirbel – du hältst den Atem an! Das Licht verlöscht, und plötzlich steht der Zauberer im grellroten Scheinwerferlicht mitten in der Manege. Er ist also doch zurückgekommen! Er sieht atemberaubend aus in seinem schwarzen, mit glitzernden Sternen übersäten Mantel, dem schwarzen, spitzen Hut, mit seinem grell geschminkten Gesicht. Du bist auf der Hut und beobachtest alle Bewegungen des Zauberers mit größter Wachsamkeit. Auch deine Freunde verfolgen alles, was er tut, mit größter Anspannung. Aber seine Show läuft ab wie immer.

Ihr könnt nichts Außergewöhnliches entdecken. Er zaubert Kaninchen und Tauben aus dem Hut und läßt sie wieder verschwinden. Er zaubert eine lebendige Schlange aus der Luft und verwandelt sie in einen roten Strick. Gegenstände fliegen durch die Luft. Stimmen ertönen. Phantastische Gestalten sind für Augenblicke zu sehen und verschwinden in rotem und lila Nebel. Blau-gelbe Flammen zucken und züngeln. Sie scheinen den Zauberer zu verbrennen. Gespannt starrst du auf dieses Schauspiel, das euch in eine Zauberwelt versetzt. Jetzt ertönt die Schlußmelodie, der Zauberer macht eine tiefe Verbeugung, der Applaus brandet auf. Unter vielen Verbeugungen zieht sich Wudu zurück. Schon willst du deine Augen abwenden. Denn jetzt ist Martingal mit seiner Raubtierdressur dran. Das wird der Höhepunkt des Abends.

Da! Wudu stolpert, stützt sich mit seinen Händen auf den Boden und verschwindet hinter dem schweren Vorhang. Er hat etwas fallen lassen. Du hast es genau gesehen. Was war das bloß? Du drehst dich zu deinen Freunden um und siehst an ihren Mienen, daß sie die gleiche Beobachtung gemacht haben. Bevor du überhaupt einen Gedanken fassen kannst, werden die hohen Gitter zusammengeschoben. Die Musik für die Raubtierdressur ertönt, und da kommen auch schon die ersten Raubtiere schnaubend durch den Gittergang in die Manege. Als letzter kommt Martingal mit strahlenden Lächeln in die Manege gelaufen und schwenkt seinen Hut. Ihr seht ihm aber an, daß er unter seinem strahlendem Lächeln eine tiefe Besorgnis verbirgt. Die Tiere sind äußerst unruhig und erregt, vor allem die beiden Tigerweibchen. Sie lassen ein gereiztes Knurren hören und schlagen mit ihren scharfen Pranken nach Martingal, als er seine Peitsche durch die Luft zischen läßt.

Angestrengt starrst du auf den Fleck dort, wo Wudu gestrauchelt ist. Plötzlich siehst du im Scheinwerferlicht für eine Sekunde ein Häufchen phosphoreszierendes Pulver aufleuchten. Entsetzt ziehst du den Atem scharf zwischen den Zähnen ein. Das ist es also! Wudus Zauberfeuer! Deine Freunde haben es auch gesehen und sind genauso erschrocken wie du. Jeder von euch weiß, wie das Zauberfeuer funktioniert. Der glänzende Staub erwärmt sich und fängt bei einer bestimmten Temperatur an zu brennen.

Welch ein teuflischer Plan! Die Raubtiere fürchten nichts so sehr wie Feuer. Sie werden verrückt vor Angst, und in ihrer Panik werden sie sich und Martingal zerfleischen. Martingal ist in höchster Lebensgefahr! Schweiß tritt dir auf die Stirn. Dein Körper ist angespannt wie eine Sehne. Tausend Gedanken wirbeln dir durch den Kopf. Ihr müßt ihn retten! Was könnt ihr bloß tun? Ihr dürft keine Zeit verlieren! Verzweifelt willst du einen klaren Gedanken fassen. Es gelingt dir nicht. Du spürst die eigene Aufregung und denkst sofort: *Tief durchatmen, ruhig werden, klar denken!* Du atmest ein und aus. Du merkst, wie sich deine Bauchdecke regelmäßig hebt und senkt. Dein Atem wird ruhig, und deine Gedanken ordnen sich.

Was kannst du tun? Sollst du Martingal eine laute Warnung zurufen? Nein, das geht nicht. Die Musik ist zu laut. Er würde dich nicht hören. Du könntest ihm Zeichen machen, aber er guckt nicht ein einziges Mal in eure Richtung. Also mußt du selbst in die Manege und den Staub herausholen. Die Zeit drängt. Entschlossen richtest du dich auf. Du wirst Wudus schrecklichen Plan durchkreuzen.

„Stellt euch dicht an das Gitter", flüsterst du deinen Freunden zu. „Ich hole den Zauberstaub aus der Manege. Ihr müßt die Tiere ablenken." Sie nicken. Sie haben verstanden. Du gehst entschlossen auf das Gitter zu und öffnest die Tür. Dann bewegst du dich mit langen, gleichmäßigen Schritten zielsicher auf die Stelle zu, wo das Zauberpulver liegt. Du bist vollkommen konzentriert und ruhig. Dein Blick ist geradeaus gerichtet, und du strahlst eine große Sicherheit aus. Aus den Augenwinkeln siehst du, daß Martingal für einen kurzen Moment die Fassung verliert, als er dich erblickt. Er sieht dich mit weit aufgerissenen Augen völlig entgeistert an. Du machst ihm ein beruhigendes Zeichen mit der Hand. Sofort wendet er sich wieder den Tieren zu und spricht mit sicherer, sanfter Stimme auf sie ein.

Jetzt hast du den Zauberstaub erreicht. Jetzt kommt das Schwerste. Du mußt dich bücken, um ihn aufzuheben, und alle Raubtiere in der Manege werden in diesem Augenblick eine leichte Beute in dir sehen. Du merkst, wie dich wieder die Aufregung überfällt. Schwindel erfaßt dich. Dein Kopf ist leer, Kreise drehen sich vor deinen Augen. Du spürst, wie sich Sindbad hinter deinem Rücken bewegt und fühlst seinen heißen Atem in deinem Nacken. Ein Kribbeln läuft über deinen Kopf. Deine Nackenhaare sträuben sich, du wagst kaum zu atmen, Schweiß perlt von deiner Stirn.

Du zwingst dich, an die E-Formel zu denken: *Tief durchatmen, ruhig werden, klar denken!* Du atmest tief ein und aus, ein und aus. Du merkst, wie deine Erregung nachläßt. Du siehst wieder klar. Vor dir ist das Zauberpulver. Dein Kopf ist kühl, deine Gedanken sind klar. Du kannst dich auf deine Freunde voll verlassen: Sie werden die Tiere ablenken. Du schiebst das Pulver auf dein Taschentuch und gehst zügig zurück zur Tür. Obgleich du am liebsten rauslaufen würdest, hast du dich unter Kontrolle und fängst nicht zu rennen an. Nun hast du die Tür erreicht. Ein Schritt noch, und du bist draußen. Es wurde auch höchste Zeit. Der Staub fängt schon an zu glühen. Du läufst aus dem Zirkuszelt und wirfst den Staub weit von dir. Dann trampelst du mit den Füßen darauf herum und erstickst das aufkommende Feuer. Dank deiner Besonnenheit ist alles gutgegangen.

Deine Freunde umringen dich und umarmen dich stürmisch. „Na, da ist den Katzen aber ein leckeres Häppchen entgangen", tönt es dir entgegen. Erleichtert atmest du tief ein und streckst den Freunden deinen dicken Bauch entgegen. „Kann man wohl sagen, hier ist alles voller Gummibärchen", witzelst du und schlägst mit der Hand auf den Bauch. Wozu die E-Formel alles gut ist.

Die Vorstellung geht zu Ende. Martingal kommt zu dir und bedankt sich für deinen Einsatz. Der Zirkusdirektor und alle anderen sind überglücklich, daß dieser Anschlag von Wudu auf den Zirkus durch euch vereitelt wurde.

Ihr geht in euren gemütlichen Wagen, und du legst dich erschöpft hin. Du schließt die Augen und atmest ruhig und gleichmäßig. Arme und Beine werden locker und schwer, dein ganzer Körper wird schwer und warm. Du fühlst dich wohl und zufrieden. Du läßt deine Gedanken kommen und gehen.

Nach einiger Zeit bist du wieder fit und hast Lust, noch etwas zu unternehmen. Du streckst dich und setzt dich auf. Du reckst die Arme und dann die Beine und öffnest die Augen.

Sechste Folge: Kann der Täter entkommen?

Ihr habt euch rings um Wudus Wohnwagen versteckt und bewacht die Eingangstür. Du preßt dein Ohr dicht an die Wand und lauschst. Kein Laut dringt aus dem Wagen zu euch heraus. Hoffentlich ist der Zauberer noch hier drin! Das ist eure letzte Chance! Ihr habt das ganze Zirkusgelände nach ihm abgesucht: ohne Erfolg. Jetzt bleibt nur noch der Wohnwagen. Deine Augen sind fest auf die Tür gerichtet. Du beißt die Zähne zusammen. Deine Schultern sind hochgezogen und deine Fäuste geballt. Da! Du hörst ein leises Geräusch! Alle deine Muskeln sind aufs äußerste angespannt. Du bist wie ein Raubtier vor dem Sprung auf die Beute.

Die Wohnwagentür öffnet sich langsam. Ein Mann kommt heraus und zieht einen schweren Koffer hinter sich her. Du atmest hastig ein und aus. Dein Puls geht schnell. Ist der Mann Wudu? Er darf nicht entwischen! Du merkst, wie angespannt du bist. Du mußt ruhig sein, sonst verpatzt du alles: *Tief durchatmen, abwarten, vernünftig handeln!* Du merkst, wie sich die Spannung in deinem Körper löst. Deine Schultern sinken nach unten, die Arme werden locker, deine Hände öffnen sich.

Du siehst, wie der Mann sich abmüht, den schweren Koffer die Treppe herunterzuschleppen. Du mußt ihn aufhalten und sehen, ob er Wudu ist. Denn aus der Ferne sieht dieser Mann dem Zauberer überhaupt nicht ähnlich. Du hast deinen Körper voll unter Kontrolle. Du machst zwei große, lautlose Schritte auf den Mann zu und packst ihn am Kragen.

Entsetzt fährt er herum, dabei rutscht ihm die dunkle Brille von der Nase, und du blickst in Wudus wütende Augen. „Er ist Wudu", schreist du aus Leibeskräften. Wudu läßt seinen Koffer los und schlägt wild um sich. Der Koffer poltert die letzten Stufen herunter, und sein ganzer Inhalt ergießt sich auf den Boden. Da liegt die Zauberer-Garderobe, der Glitzermantel, der Zauberstab, der falsche Bart und die Perücke und die verschwundene Geldkassette des Zirkusdirektors. „Das ist der Beweis, den ich brauche", denkst du und blickst erfreut auf die Kassette.

Diesen Augenblick benutzt Wudu, um sich loszureißen und zu entfliehen. Er rennt wie von tausend Hunden gehetzt über den Platz. Ihr seid ihm dicht auf den Fersen. Noch ein letzter Spurt, dann hast du ihn. Da dreht er sich mitten im Lauf um und hält euch keuchend den Lauf einer Pistole entgegen. Wie vom Blitz getroffen bleibst du stehen und starrst ungläubig in den Pistolenlauf. Dein Atem geht hastig ein und aus. In deinem Kopf hämmert nur ein einziger Gedanke: „Er darf nicht entkommen! Er darf nicht entkommen!" Wudu schreit mit überschnappender Stimme: „Hände hoch, oder ich schieße!" Du hebst die Hände, guckst dich verzweifelt um. Wo ist ein Ausweg aus dieser verdammten Situation? Deine Freunde stehen genauso dumm da wie du und heben brav ihre Hände hoch.

Ohnmächtige Wut schießt in dir hoch. Dein Gesicht ist ganz heiß, dein Kopf dröhnt. Du beißt die Zähne zusammen, die Arme und Beine sind angespannt, dein ganzer Körper zittert vor Anspannung. Die Gedanken jagen sich. Will der Verrückte uns umbringen? Wird er gleich schießen? Wudu fuchtelt wie ein Wahnsinniger mit seiner Pistole herum. Wenn du nicht eingreifst, wird er abdrücken. „Ich bin viel zu aufgeregt und wütend", denkst du. „Ich muß ruhig werden." Also: *Tief durchatmen, locker lassen, Lösung finden!* Sofort spürst du, wie sich dein Gesicht entspannt. Deine Kiefer lösen sich, die Hände, Arme, Schultern werden locker. Du kannst wieder vernünftig denken. Einer von euch könnte sich von hinten an Wudu heranschleichen und ihm die Pistole entreißen. Ihr anderen müßtet seine Aufmerksamkeit auf euch ziehen, damit er nicht merkt, was hinter seinem Rücken passiert. Ja, so wird es gehen! Du nickst zufrieden vor dich hin.

Du machst deinem Freund, der am weitesten hinten steht, ein Zeichen. Der nickt zum Zeichen, daß er verstanden hat. Dann fängst du an, laut und deutlich zu sprechen. „He, Wudu", rufst du, „du entkommst uns nicht! Jeder weiß, daß du der Täter bist. Wir haben keine Angst vor dir und deiner Pistole! Dein Spiel ist aus! Gib auf!" Aus den Augenwinkeln siehst du, daß dein Freund schon dicht hinter Wudu steht.

Wudu bemerkt nichts. Er schleudert dir einen wütenden Blick zu und kreischt: „Ihr kriegt mich nicht! Ich werde den Zirkus vernichten! Und euch auch!" In diesem Moment packt ihn dein Freund mit eisenhartem Griff. Es gibt ein kurzes Handgemenge. Ein Schuß kracht. Er geht bloß in die Luft. Dann ist es vorbei. Wudu liegt unverletzt am Boden. Er hat keine Kraft mehr, sich zu wehren, und läßt sich widerstandslos festnehmen und abführen. Ihr vier Freunde jubelt laut: Am Ende habt ihr doch gesiegt! Wudu wird keinem Menschen mehr schaden.

Am Abend sitzt ihr noch lange am Lagerfeuer. Wudu sitzt hinter Schloß und Riegel. Die Zirkusleute sind überglücklich, daß nun wieder Ruhe im Zirkus eingekehrt ist. Zufrieden läßt du die Ereignisse dieses Abenteuers noch einmal an dir vorüberziehen. Dein Atem geht ruhig und gleichmäßig hin und her. Dein Körper ist schwer und warm. Dies war die schwerste Aufgabe, die du mit deinen Freunden bisher gelöst hast. Mit Hilfe der E-Formel ist es dir gelungen, in schwierigen, gefährlichen Situationen Ruhe und Besonnenheit zu bewahren. „Wer nicht Batman ist, braucht einfach Freunde und ein gutes Training", denkst du und verschränkst zufrieden die Arme hinter dem Kopf.

Jagd auf Delphine

(Karin Dörner)

Erste Folge: Der Auftrag

Ihr seid alle im Trainingsraum. Du arbeitest gerade mit dem Punching-Ball. Mit angewinkelten Armen und erhobenen Fäusten blickst du auf den harten Ball und konzentrierst dich voll darauf, im rechten Augenblick zuzuschlagen. Da, wupp! Deine rechte Faust schießt vor. Jetzt, wupp, die linke! Immer und immer wieder schnellt deine Faust vor und trifft den Ball und stößt ihn weit vor. Puh, ist das anstrengend! Du trittst einen Schritt zurück und wischst dir mit dem Box-Handschuh den Schweiß von der Stirn. Du blickst auf die Uhr und rufst deinen Freunden zu: „Schluß für heute! Wir haben genug getan!" Widerspruchslos verlassen alle ihre Trainingsgeräte. Du bist der Boß. Eure Arbeit ist ziemlich stressig, aber vom ganzen Team hast du die höchsten Werte auf der Relax-Skala. Das heißt, daß es dir am schnellsten gelingt, wieder einen klaren Kopf zu kriegen.

Plötzlich schnarrt es aus dem Lautsprecher: „Spezialtruppe zum Chef! Ihr habt einen Einsatz!" Hastig springt ihr auf und macht euch fertig. Du merkst, wie du aufgeregt wirst. Was wird es wohl diesmal sein? Jedesmal vor einem Einsatz sind deine Nerven ganz angespannt. Minuten später hältst du einen verschlossenen Umschlag in den Händen. Du, als Leiter deiner Crew, sollst den anderen den Einsatzbefehl vorlesen. Alle starren dich gespannt und erwartungsvoll an. Wie lautet wohl euer Auftrag? Du öffnest den Umschlag und merkst dabei, daß deine Hände zittern. Du bist aufgeregt und nervös, hast den Atem angehalten. Das Papier zittert in deiner Hand. Die Buchstaben verschwimmen vor deinen Augen. „Was werden die anderen jetzt von mir halten", denkst du.

„Stell dich nicht so an", sagst du dir und willst sprechen. Aber deine Stimme gehorcht dir nicht. „Ich bin viel zu aufgeregt", denkst du. Da fällt dir die E-Formel ein: *Tief durchatmen, ruhig werden, klar denken!"* Du atmest tief in den Bauch ein und aus. Deine Hände werden sofort ruhig. Das Zittern hört auf. Mit festem Blick und deutlicher Stimme fängst du an zu lesen.

„Spezialtruppe soll heute nacht im Gebiet der Delphin-Bay operieren. Ausrüstung: Tauchanzug, Maske, Schnorchel, Flossen, pro Mann zwei Sauerstoff-Flaschen mit Lungenautomat. Als Waffen sind mitzunehmen: Messer, Harpune und Unterwasserpistole. Der Transport zur Delphin-Bay erfolgt durch Hubschrauber. Am Einsatzort liegt ein Motorboot bereit. Der Grund für den Einsatz: Seit einigen Monaten verschwinden in der Gegend um die Delphin-Bay alle Delphine. Kein einziger Delphin, der diesen Küstenabschnitt passierte, wurde je wieder gesehen. Gleichzeitig werden in den nahegelegenen Hafenstädten große Mengen von Thunfischfleisch verkauft. Es wird befürchtet, daß ein oder mehrere Verbrecher die Delphine fangen und schlachten und das Fleisch dann als Thunfisch auf dem Markt anbieten."

Empört hältst du ein und überlegst einen Moment. Delphine sind ungeheuer menschenfreundlich. Sie suchen die Nähe der Menschen und haben schon mehrfach Schwimmer aus Lebensgefahr gerettet. Es ist eine bodenlose Gemeinheit, diese Tiere zu töten. In der ganzen Welt ist es unter schwerer Strafe verboten, Delphine zu fangen und abzuschlachten. Und noch etwas fällt dir ein: Sie sind die einzigen Feinde, die die gefräßigen Haie haben. Sie verjagen diese Räuber aus fischreichen Gewässern und helfen auf diese Weise, den Fischbestand zu erhalten.

Du liest weiter. „In der Gegend um die Delphin-Bay hat die Zahl der Haie stark zugenommen. Die Fischer fangen keine Fische mehr. Sie berichten, daß sie schon mehrfach von Haien angegriffen wurden. Die Haie finden offenbar keine Nahrung mehr und attackieren in ihrem Hunger offenbar alles, was ihnen wie Futter erscheint. Die Lage hat sich heute dramatisch zugespitzt. Ein Fischer wurde in seinem Boot von zwei Haien angegriffen und lebensgefährlich verletzt. Zur Zeit befindet sich eine größere Gruppe von Delphinen auf dem Zug an der Küste entlang und wird voraussichtlich diese Nacht Delphin-Bay passieren. Eure Spezialtruppe soll die Tiere aufspüren, beobachten und feststellen, ob sich der Verdacht bestätigt, daß die Tiere gefangen und geschlachtet werden. Bei Gefahr für die Tiere sollt ihr sofort eingreifen und die Tierquäler unschädlich machen." So, das wär's! Aufatmend legst du das Papier zur Seite.

„Noch irgendwelche Fragen?" Du blickst in die Runde. Deine Augen bleiben an Peter hängen. Er macht ein jämmerliches Gesicht. „Was ist los?" fragst du ihn. „Du weißt doch", erwidert er, „Tauchen ist für mich das Schrecklichste auf der Welt. Ich habe extreme Atmungsschwierigkeiten mit dem Lungenautomaten."

So ein Nervsack! Ärger steigt in dir hoch. Du ballst die Fäuste, am liebsten würdest du ihn packen und schütteln. Du streckst dein Kinn vor, ziehst die Schultern hoch und willst dich auf ihn stürzen. Du merkst, wie du die Kontrolle über dich verlierst. Also: *Ruhig atmen, Abstand nehmen, Abstand halten!* Du atmest tief ein bis in den Bauch und trittst einen Schritt zurück. Deine Fäuste öffnen sich, deine Gesichtsmuskeln entspannen sich. Du siehst Peter fest in die Augen. Du merkst, wie deine Gedanken klar werden.

Nun kannst du auch für Peter eine Lösung finden. Er soll auf jeden Fall mit, denn ihr seid ein Team. Da wird jeder gebraucht, hat seinen Platz. Nur wenn alle dabei sind, seid ihr erstklassig. Dir fällt ein, daß ihr sicher eine Wache auf dem Boot zurücklassen müßt. Peter braucht also gar nicht zu tauchen. Du sagst es ihm, und er nickt erleichtert. Sonst gibt es keine Fragen. Eine Stunde später sitzt ihr in den Sitzen des Hubschraubers.

Du lehnst dich bequem zurück, schließt die Augen, atmest ganz ruhig und gleichmäßig. Deine Gedanken kommen und gehen, wie sie wollen. Arme und Beine werden ganz schwer. Dein ganzer Körper wird schwer und warm. Du bist ganz ruhig und entspannt.

Zweite Folge: Landung in der Bucht

Der Hubschrauber ist in einer kleinen Bucht nahe der Delphin-Bay gelandet. Ihr verlaßt den Hubschrauber und rennt einer nach dem anderen außer Reichweite des rotierenden Propellers. Der Pilot macht das O. K.-Zeichen, und schon startet er wieder. Morgen, kurz nach Sonnenaufgang, wird er euch wieder abholen, wenn alles klargeht. Ihr seht die Hand vor Augen nicht. Es ist stockfinster. Der Mond ist hinter dunklen Wolken versteckt. Kein Stern ist zu sehen. Die Wellen schlagen klatschend ans Ufer, sonst hörst du keinen einzigen Laut. Dir ist unheimlich zumute. Fröstelnd ziehst du die Schultern hoch, du hast das Gefühl, du wirst beobachtet. Deine Schultern sind ganz angespannt, als ob dir etwas Böses im Nacken sitzt. Angestrengt lauschst du in die Nacht, hörst aber nur deinen eigenen Atem.

Da, was ist das? Sind das nicht leise Schritte? Deine Nackenhaare sträuben sich, du bist auf dem Sprung. Alle Muskeln sind bis zum Zerreißen gespannt. Da, ein helles Klirren zerreißt die Stille. Einer von euch muß mit dem Messer eine Sauerstoffflasche berührt haben. Zornig fährst du herum. Verflixt, kann der nicht aufpassen? Muß euch denn jeder auf drei Meilen Entfernung schon hören? Du kochst vor Wut, ballst die Fäuste und willst schon losbrüllen.

Stopp: Ruhig atmen, abregen, klaren Kopf behalten! Euer Unternehmen darf nicht gleich zu Anfang durch deine Unbeherrschtheit gefährdet werden. Rasch vergeht deine Wut, und deine Gedanken sind klar. Ruhig und konzentriert gibst du jetzt deine Anweisungen. „Peter, leuchte mal mit deiner Lampe." Sofort leuchtet ein schwaches Licht auf. Der Lichtkegel wandert von einem zum anderen. „Bernd und Jannie, ihr geht zum Boot und macht es startklar! Die anderen warten hier, bis ihr das o.k. gebt. Sobald ihr fertig seid, laßt den Schrei des Pelikans ertönen."

Schweigend wartet ihr. Du bist wachsam wie ein Luchs. Da, der Schrei des Pelikans! Du schulterst deinen Seesack und gehst voran, die anderen folgen dir. Da liegt auch schon das

Boot. Es ist ein großes, graues Schlauchboot mit starkem Motor. Du bist zufrieden. Es ist für eure Zwecke gut geeignet. Das Boot wird in Windeseile beladen. Ihr wollt so schnell wie möglich starten, damit ihr unbemerkt bleibt. Höchste Wachsamkeit ist geboten. Der Motor darf nur ganz leise laufen. Keiner soll euch hören.

Du willst den Motor anlassen, ziehst kräftig an der Startleine, einmal, zweimal, der Motor heult auf, aber springt nicht an. Was ist los? Du ziehst wieder. Der Motor macht einen Höllenlärm. Du fängst an zu schwitzen. Deine Hände sind feucht, dein Gesicht ist heiß. Alle sind wie erstarrt. Mit zitternden Händen packst du noch einmal die Leine und reißt mit aller Kraft. Der Motor brüllt auf, stottert und erstirbt. Dir ist ganz flau im Magen. Du wischst dir den Schweiß von der Stirn und blickst dich hilflos um. Deine Gedanken rasen. „Was ist, wenn wir hier festsitzen? Was ist, wenn wir entdeckt werden? Wir sind in unseren Taucheranzügen auf dem Land unbeweglich wie sonstwas. Wir müssen hier weg, sofort!" Dein Atem geht hastig, du packst wieder die Startleine, beißt die Zähne aufeinander und reißt in ohnmächtiger Wut daran.

Halt: Atem ruhig, klarer Kopf, den Fehler finden! Gut, daß du daran gedacht hast! Du läßt erst mal die Leine los und atmest ganz normal. Sofort kannst du wieder klare Gedanken fassen. Du richtest den Strahl deiner Lampe auf den Motor. Jetzt fällt es dir wie Schuppen von den Augen. Der Motor hängt noch etwas in der Luft. Keiner von euch hatte daran gedacht zu prüfen, ob der Motor beim Herunterlassen eingerastet ist. Daher also dieser Wahnsinnskrach.

Schnell läßt du den Motor ganz herunter, ein kurzer Ruck an der Reißleine, und er springt sofort an. Du ergreifst das Steuer. „Alles klar zur Abfahrt!" Du gibst Gas, und das Boot setzt sich in Bewegung. In diesem Moment erscheint rechts hinter euch am Ufer ein heller Lichtkegel, der suchend über das Wasser gleitet. Man hat euch gehört. Ihr werdet gesucht! Ihr dürft nicht entdeckt werden, auf keinen Fall! Du drückst den Starthebel mit aller Kraft nach unten und reißt das Steuer herum. Das Boot richtet sich mit einem Riesensatz steil auf und rast in einer sprühenden Gischtwolke davon. Du blickst zurück. Gerade hat der Lichtkegel die Stelle erfaßt, an der das Boot lag. Sekunden zu spät. Du atmest auf. Das ist noch einmal gutgegangen! Sie haben euch zwar gehört, aber nicht gesehen. Nun können sie sich erst einmal die Köpfe zerbrechen, wer das war.

Ihr habt inzwischen das offene Meer erreicht, und du kannst den Motor drosseln. Nun müßt ihr nach den Delphinen Ausschau halten. Sie müssen nach euren Informationen ganz in eurer Nähe sein. Du übergibst das Steuer an Peter, der von nun an das Boot führen soll. Du schaust noch einmal zurück, aber niemand verfolgt euch. Wer immer auch am Strand nach euch suchte, weiß jetzt, daß etwas nicht stimmt, und wird früher oder später eure Spur aufnehmen.

Dieser Gedanke beunruhigt dich aber im Moment noch nicht. Das wird sich alles finden. Das Boot fährt langsam. Es schaukelt leicht hin und her. Dein Atem geht ruhig und gleichmäßig. Du lehnst dich zurück und läßt die Gedanken kommen und gehen. Hinter deinen geschlossenen Lidern ziehen angenehme Bilder vorüber.

Dritte Folge: Die Delphine

Du wirst wieder wach, als Peters Stimme an dein Ohr dringt: „Ich glaube, ich höre die Delphine." Du hörst sie nach einer Weile auch, und ihr folgt ihrem Fiepen in südlicher Richtung. Manchmal könnt ihr sie auch sehen, wenn sie nebeneinander ihre Bögen über die Wasseroberfläche springen, laut prusten und sich aufs Wasser klatschen lassen. Das geht stundenlang so, und ihr ruht euch in der Sonne aus.

Als du nach einiger Zeit vom Unterdeck raufkommst, hörst du ihr fröhliches Fiepen nicht mehr, kein Prusten, kein Klatschen, nur euer Motor schnurrt gleichmäßig vor sich hin. Das gibt es doch gar nicht! Wo sind die Delphine geblieben? Du reibst dir die Augen. Sie sind weg. Sie können doch nicht so einfach verschwunden sein! Verblüfft schaust du dich um. Habt ihr denn alle geschlafen? Einer muß sie doch beobachtet haben! „Peter, hast du beobachtet, wohin sie geschwommen sind?" Peter schüttelt ratlos den Kopf.

Deine Verblüffung verwandelt sich schlagartig in Wut. „Diese Schlafmützen! Das soll eine Spezialtruppe sein! Flaschen sind das, einfach Flaschen!" Dein Gesicht läuft puterrot an. Du ziehst die Augenbrauen zusammen, schiebst dein Kinn vor. Die Zähne sind fest zusammengebissen. Du packst Peter mit beiden Händen an den Schultern und schüttelst ihn. „Jetzt ist alles aus!" brüllst du. „Du bist schuld, weil du zu blöd bist aufzupassen." – „Du hast ja selbst nicht aufgepaßt", schreit Peter zurück. Er hat recht! Das macht dich noch wütender. Du hebst deine Fäuste und willst auf ihn einschlagen.

Aber da fällt dir ein: *Tief durchatmen, Abstand halten, klar denken!* Sofort läßt du die Arme sinken und öffnest langsam deine Fäuste. Du hast dich wieder im Griff. „Entschuldige, Peter", sagst du. „Mal sehen, wie wir unseren Fehler wieder ausbügeln können. Sie können sich nicht in Luft aufgelöst haben, also müssen sie noch irgendwo in der Nähe sein. Vielleicht gibt es hier ja eine Höhle oder eine Bucht, die wir in der Dunkelheit übersehen haben. Wir fahren jetzt langsam zurück und leuchten mit unseren Lampen jeden kleinsten Winkel der Felsen aus. Das wäre doch gelacht, wenn wir sie nicht fänden!" Alle nicken.

Ihr wendet das Boot und fahrt langsam zurück. Zentimeter für Zentimeter werden die Felsen ausgeleuchtet. Aber ihr seht nichts, gar nichts. Es ist ein ziemlicher Wellengang, und es besteht die Gefahr, daß das Boot am Felsen leck schlägt. Dreimal hast du schon dem Steuermann gesagt, er soll aufpassen, da hörst du ein lautes Scharren und gleich darauf ein Knirschen. Das Boot liegt fest. „Verdammt, dieser Idiot!" Du wirst immer wütender. „Habe ich dir nicht x-mal gesagt, du sollst aufpassen!" schreist du und rennst ziellos im Boot hin und her. Mit geballter Faust schlägst du auf die Bordwand und zerrst mit hochgezogenen Schultern verbissen am Ruder.

Der Schlag auf die Bordwand hat ganz schön weh getan. Du reibst dir verstohlen die Handkante. Mit Karate würdest du hier auch nicht weiterkommen. „Ruhig Blut, Junge", redest du dir gut zu, „Keep cool." Du atmest tief ein und wieder aus. Deine Verbissenheit schwindet. Du überlegst: „Wie kommen wir hier wieder los? Offenbar kein Leck, sonst hätten wir schon Wasser im Boot." Da, jetzt weißt du, wie es klappen könnte. „Alle Mann nach hinten zum Motor! Bug entlasten, langsam rückwärts!" Wirklich, das Boot geht vorn hoch und kommt sofort frei. Ihr könnt weiterfahren.

Weiter sucht ihr angestrengt die Felsen ab. Da, hast du da nicht eben ein Loch gesehen? Jetzt ist es nicht mehr da. Trotzdem. „Peter", sagst du, „fahr dicht an den Felsen." Du tastest mit deinen Händen den Felsen ab und tatsächlich: Auf einmal fassen deine Hände ins Leere. Hinter einem dichten Algenvorhang, halb unter Wasser, entdeckst du den Eingang zu einer Höhle. „Wir haben es gefunden", jubelnd drehst du dich zu deinen Freunden um. Alle sind erleichtert. Im Schein der Lampe seht ihr nun, daß das Loch der Eingang zu einem Tunnel ist, der tief in den Felsen hineinführt. Ganz aus weiter Ferne dringt ein leises Fiepen an euer Ohr. Die Delphine sind irgendwo in dieser Höhle.

Du erklärst deinen Freunden leise deinen Plan. Peter soll an Bord bleiben, um Wache zu halten und notfalls das Boot sofort zu starten. Ihr anderen werdet mit eurem Atemgerät in die Höhle schwimmen und die Delphine suchen. Vielleicht werdet ihr so eine Erklärung für das merkwürdige Verhalten der Delphine finden.

Dieses ist der gefährlichste Teil eures Unternehmens. Da brauchst du vor allem Besonnenheit. Deshalb legst du eine Ruhephase ein. Du schließt die Augen und sagst dir: „Ruhig atmen, klar denken, entschieden handeln! Wir werden es schaffen!" Dein Atem strömt gleichmäßig ein und aus, ein und aus. Der ganze Körper kommt zur Ruhe und entspannt sich.

Vierte Folge: Aufregung im Tunnel

Du hast dein Atemgerät auf dem Rücken, Maske und Schnorchel sind befestigt. Der Bleigurt hängt schwer an deinem Körper. Zuletzt ziehst du die Flossen an und überprüfst noch einmal deinen Lungenautomaten: alles okay. Die anderen sind auch fertig, und nun gibst du das Zeichen zum Aufbruch. Rückwärts läßt du dich vom Boot ins Wasser gleiten. Die Sauerstoffflaschen sind schwer und ziehen dich einige Meter unter Wasser. Langsam steigst du auf und guckst dich nach deinen Freunden um. Alle sind nur undeutlich zu sehen wie schwarze Schatten.

Das Wasser ist kalt und dunkel. Wenn nun die Haie kommen! Deine Zähne fangen leise an zu klappern. Du spürst die Kälte. Deine Schultern sind verkrampft, die Flasche drückt schmerzhaft auf deinen Rücken. Arme und Beine sind ganz starr. Du kannst dich kaum bewegen. Furcht kriecht in dir hoch. Dein Atem stockt. Du bekommst nicht genug Luft. Nichts wie weg hier! Bloß zurück zum Boot!

Für solche Situationen hast du die E-Formel: *Tief durchatmen, sich Mut machen, klar denken!* Du legst dich flach auf den Rücken und läßt dich treiben. Dabei atmest du ruhig ein und aus. Du merkst, wie die Wärme in deinen Körper zurückkehrt: zuerst in die Arme bis in die Fingerspitzen, dann in die Beine bis zu den Füßen. Die Flasche erscheint dir jetzt viel leichter. Die Angst ist verschwunden. Du läßt kurz deine Lampe aufleuchten, und die anderen antworten dir mit ihren Lampen.

Nun schwimmst du mit ruhigen, langen Flossenschlägen durch den Höhleneingang in den Tunnel. Die anderen folgen dir. Im Schein eurer Lampen seht ihr, daß der Tunnel tief in den Felsen hineinführt. Ein Ende könnt ihr nicht sehen. Jetzt ertönt aus der Ferne ein leises Fiepen. Ihr seid auf der richtigen Spur. Ihr könnt dem Wasserlauf ohne Probleme folgen und braucht nicht zu tauchen. Darüber bist du froh, denn über Wasser könnt ihr euch in dieser Finsternis besser verständigen. Du schwimmst langsam voran, stößt ab und zu an die rauhen Felskanten, die den Tunnel begrenzen. Die Dunkelheit wird immer dichter. Du siehst immer weniger.

Du hast das Gefühl, daß der Strahl deiner Lampe auf eine undurchdringliche, schwarze Masse trifft. Plötzlich fühlst du an deinen Händen etwas Glattes, das sich bewegt. Es berührt auch dein Gesicht. Du kannst nichts mehr sehen. Erschrocken willst du es von dir stoßen, aber du faßt nur in eine weiche Masse. Etwas hat sich auf deine Maske gesetzt. Du willst es abreißen, aber es klebt fest. Du schlägst wild um dich, trittst mit den Beinen und ruderst mit den Armen. Plötzlich rutscht dir auch noch das Mundstück aus dem Mund. Du schluckst Wasser, hustest, spuckst. Mit zitternden Händen steckst du den Schlauch wieder zwischen die Zähne und merkst, daß du fast schmerzhaft daraufbeißt. Du atmest rasend schnell.

„Ich muß ruhig werden", schießt es dir durch den Kopf: *Tief durchatmen, nur Mut, genau hinsehen!* Die Aufregung geht weg. Du kannst klar denken. Langsam stößt du dich mit den Händen von den Felsen ab. Meter um Meter bewegst du dich vorsichtig zurück. Du nimmst deine Maske ab und betrachtest sie im Schein deiner Lampe. Und dann mußt du einfach lachen. Ein kleiner, schwarzer Tintenfisch hat sich auf dem Glas festgesaugt und hat dir die Sicht versperrt. Und die weiche Masse mit den vielen Armen besteht auch nur aus vielen kleinen Tintenfischen, die dort dichtgedrängt auf einem Fleck sind. Sie versuchen verzweifelt zu entfliehen, rudern wild mit den Armen und stoßen Tintenwolken aus, die das Wasser pechschwarz färben. Der Schein eurer Lampen hat sie immer weiter in den Tunnel getrieben, aber jetzt können sie nicht mehr weiterschwimmen. Ein enges Gitter versperrt den Gang.

Das ist auch für euch ein unüberwindliches Hindernis. Aber erst einmal treibt ihr die Tintenfische zum Ausgang des Tunnels zurück. Ihr schaut ihnen nach und lacht über die drolligen kleinen Tiere mit den großen Köpfen und den langen Armen. Du steigst aus dem Wasser und setzt dich auf einen Felsen, die anderen folgen dir. Mit sorgenvoller Miene betrachtest du das Gitter. Noch siehst du keine Möglichkeit, hindurchzukommen. Du schließt deine Augen. Es droht keine Gefahr. Du bist ganz ruhig und läßt deine Gedanken eine Weile frei wandern.

Fünfte Folge: Eine gute Idee

Ihr habt euch alle einen Platz auf dem Felsen gesucht und sammelt Ideen, wie ihr das Gitter knacken könnt. Ihr überlegt hin und her, aber keinem fällt die Lösung ein. Du untersuchst das Gitter Zentimeter für Zentimeter, siehst aber nirgends einen Hebel oder ein Schloß. Hinter dem Gitter verbreitert sich der Tunnel zu einer finsteren Höhle, deren Größe du nicht ausmachen kannst. Von dort hinten dringt auf einmal ein leises, zaghaftes Fiepen an dein Ohr. „Die Delphine." Du könntest losschreien vor Freude. Endlich habt ihr sie gefunden. Du rüttelst an dem Gitter, aber es bewegt sich nicht. Wenn du es doch nur öffnen könntest! Die Zeit drängt, denn wer weiß, was mit den Delphinen geschieht, wenn ihr nicht bald eingreift.

Ungeduldig zerrst du an den Gitterstäben, trittst mit dem Fuß dagegen. Nichts rührt sich. Es muß aber eine Möglichkeit geben, das Gitter zu öffnen. Schließlich sind die Delphine ja auf diesem Weg in die Höhle gelangt. Jetzt müßtest du einen Unterwasserschneidbrenner haben, aber daran hat natürlich keiner gedacht. Ärger steigt in dir hoch. Soll die Befreiung der Delphine wegen so einer dummen Sache kläglich scheitern? Verflixt! Warum fällt dir nichts ein? Oder den anderen? Ärgerlich nagst du an deiner Unterlippe und schlägst dir mit der Faust an die Stirn. Ihr verliert kostbare Zeit. Was kannst du bloß tun? Du hältst es nicht mehr aus, hier herumzusitzen. Du könntest heulen vor ohnmächtiger Wut. Unbeherrscht springst du auf und rüttelst an den Stäben.

Na, du weißt doch: *Ruhig atmen, genau hinsehen, klar denken!* Einen Moment stehst du ganz ruhig, hältst dich mit den Händen am Gitter fest und senkst den Kopf. Du merkst, wie dieses blöde Gefühl von Hilflosigkeit verschwindet. Du läßt die Gitterstäbe los und bist wieder ganz gelassen. Du untersuchst jetzt noch einmal ganz genau jeden einzelnen Gitterstab und plötzlich entdeckst du einen winzigen Knopf auf der anderen Seite des Gitters. Er ist so verdeckt angebracht, daß er von eurer Seite nicht zu erreichen ist. Du mußt unbedingt auf die andere Seite. Nachdenklich schaust du auf das Wasser zu deinen Füßen.

Plötzlich fällt dir etwas ein. Ob das Gitter wohl bis zum Boden des Tunnels reicht? Oder könnte man vielleicht unter dem Gitter durchtauchen auf die andere Seite? Schnell setzt du deine Maske auf, nimmst das Mundstück vom Lungenautomaten in den Mund und tauchst langsam am Gitter in die Tiefe. Donnerwetter, ist der Tunnel tief! Das hättest du gar nicht vermutet. Schließlich siehst du im Schein deiner Lampe den Boden. Das Gitter liegt auf dem Boden auf – fast überall! Ungefähr in der Mitte des Gitters gibt es eine Vertiefung im Boden, so daß du dich dort vielleicht unter dem Gitter durchquetschen kannst, wenn du deine Sauerstoffflasche vom Rücken nimmst und vor dir herschiebst. Du preßt dich dicht an den Boden und schiebst die Flasche Zentimeter um Zentimeter unter dem Gitter durch. Sie bekommt zwar ein paar Kratzer ab, aber sonst ist sie unversehrt. Nun bist du selber dran. Mit ausgestreckten Händen robbst du langsam unter dem Gitter durch. Hände, Arme, Kopf, Schultern – gleich hast du es geschafft! Doch, was ist das? Du hängst fest. Du kannst weder vor noch zurück. Du bewegst dich hin und her, du strampelst wild mit Armen und Beinen, aber du kommst nicht frei. Das Gitter drückt immer stärker. Angst packt dich. In deinen Ohren dröhnt es. Das Gitter erdrückt dich gleich. Je mehr du strampelst, desto schlimmer wird es.

Du mußt Ruhe bewahren, sonst hast du keine Chance: *Normal atmen, klar denken, Problem lösen!* Das Dröhnen in deinen Ohren hört langsam auf. Du überlegst: Dein Tauchanzug ist ganz glatt, daran kannst du nicht festhängen. Es muß der Bleigurt sein, der sich in dem Gitter verklemmt hat. Du hebst deinen Körper ein winziges Stückchen an und greifst nach der

Schnalle des Gürtels und öffnest sie mit einem Ruck. Nun versuchst du, ohne den Bleigurt weiterzukriechen. Es klappt! Ein paar Sekunden später stehst du auf der anderen Seite des Gitters. Mit großer Selbstkontrolle hast du dich aus dieser scheußlichen Situation befreit.

Mit kräftigen Flossenschlägen steigst du an die Oberfläche. Deine Freunde erwarten dich schon mit Ungeduld und sind sehr froh, daß du wohlbehalten wieder oben bist. Schnell suchst du den Knopf, drückst ihn: Das Gitter hebt sich! Jubelnd wirfst du die Arme hoch, der Weg ist frei! Aber ihr müßt euch beeilen, die Zeit ist knapp. Ihr durchschwimmt die Höhle, so schnell ihr könnt. Ganz hinten seht ihr endlich die Delphine, die sich ängstlich dicht aneinander drängen. Unruhig wenden sie ihre Köpfe hin und her und fiepen kläglich. Ihr schwimmt auf sie zu und sprecht leise und sanft auf sie ein, als wolltet ihr weinende Kinder trösten. Du legst vorsichtig die Hand auf den Kopf des größten Delphins, und nach einer Weile spürst du, daß er zutraulich wird. Du streichelst ihn und sprichst zu ihm. Genauso machen es deine Freunde mit den anderen Delphinen. Langsam verlieren sie ihre Scheu, und ihr könnt daran denken, sie aus der Höhle herauszulotsen. Sanft stößt du den großen Delphin an und drückst und schiebst ihn in Richtung Ausgang. Er versteht und setzt sich in Bewegung. Die anderen Delphine folgen ihm sofort, und ihr schwimmt am Schluß hinterher.

Auf einmal hörst du ein Poltern hinter dir. Du wendest deinen Kopf und siehst zwei gefährlich aussehende Männer in der Höhle auftauchen. Sie klettern an einer Strickleiter in die Höhle herunter. Dabei fallen einige Steine herab. Beide sind mit Pistolen bewaffnet. Sie starren hinter euch her und gestikulieren wild. „Schnell hier raus!" rufst du und treibst die anderen zu höchster Eile an. Die Delphine haben inzwischen das Gitter passiert und schwimmen hintereinander in dem Tunnel. Ihr folgt ihnen, und kaum hast du als letzter den Höhleneingang durchschwommen, da kracht auch schon das Eisengitter dicht hinter dir herunter. Gerettet! Erst einmal seid ihr in Sicherheit.

Zügig schwimmt ihr den Tunnel herunter zum Ausgang. Konzentriert achtest du auf deine Schwimmbewegungen. Du bewegst deine Flossen in immer wiederkehrendem Rhythmus. Dein Herz schlägt ruhig und kräftig. Du bist ganz klar und wachsam. Nun siehst du in der Ferne ein helles rundes Loch, den Ausgang ins Meer. Ihr laßt den engen, dunklen Tunnel hinter euch und schwimmt ins offene Meer hinaus. Es ist eine Wohltat, wieder Arme und Beine bewegen zu können, ohne an scharfe Felskanten zu stoßen.

Du läßt dich auf dem Rücken treiben und schaust in den Himmel. Die Wolken sind fort. Am Horizont sieht man schon einen hellen Schein. Bald geht die Sonne auf. Du schließt die Augen, dein Atem geht ruhig hin und her, hin und her. Die Dünung schaukelt sanft deinen Körper hin und her, hin und her.

Sechste Folge: Die Delphinpfeife

Der Himmel ist hell, rote Strahlen erleuchten den Horizont. Du treibst im Wasser, ruderst mit Armen und Beinen und reckst deinen Kopf hoch aus dem Wasser. Deine Freunde sind alle in deiner Nähe und warten auf deine Anweisung. Du schaust dich um. Wo ist Peter mit dem Boot? Er ist nirgends zu sehen. Ärgerlich runzelst du die Augenbrauen. Du hattest ihm doch ausdrücklich gesagt, er solle hier in der Nähe auf euch warten und Wache halten. Was sollt ihr jetzt tun? Die Delphine sind sicher längst weitergezogen. Vielleicht werdet ihr nie erfahren, aus welchem Grund sie in die Höhle hineingeschwommen sind. Viele Fragen stürmen auf dich ein. Was waren das für Männer in der Höhle? Ob sie euch verfolgen? Was hatten sie mit den Delphinen vor?

Wo Peter nur bleibt! Deine Unruhe wächst immer mehr. Plötzlich, ihr hört es alle, der Schrei des Pelikans: dreimal hintereinander. Höchste Alarmstufe! Sofort gibst du das Zeichen zum Abtauchen. Kaum seid ihr einige Meter unter Wasser, hört ihr fernes Motorengeräusch. Zehn Meter unter Wasser versteckt ihr euch unter einem Felsvorsprung. Hoffentlich verraten euch die Luftblasen nicht, die hell funkelnd nach oben steigen. Gespannt schaust du nach oben. Auf einmal siehst du einen schlanken, grauen Schatten über dir. Du hältst den Atem an. Ein Hai! Deutlich siehst du seine Rückenflosse und sein gefährliches, breites Maul. Ziellos schwimmt er hin und her. Er scheint auf Nahrungssuche zu sein. Hoffentlich entdeckt er euch nicht! Da, er scheint euch doch gesehen zu haben. Er blickt direkt in eure Richtung. Langsam schwimmt er auf dich zu.

Du erstarrst. Eisige Furcht kriecht dir den Rücken hoch. Deine Hände zittern, bloß nicht bewegen, denkst du. Deine Hände halten krampfhaft die Harpune. Alle Muskeln sind bis zum äußersten angespannt, im Nacken, im Rücken und Bauch, in den Beinen. Dein Kopf ist wie leer. Der Hai kommt immer näher. Du siehst mit Entsetzen seine kleinen Augen, die messerscharfen weißen Zähne. Mit weit aufgerissenen Augen starrst du auf das aufgerissene Maul.

Es ist wie vor zwei Jahren, als du in Los Angeles die Touristen-Fahrt durch die Filmstudios gemacht hast. Plötzlich tauchte neben dir der weiße Hai auf: kleine Augen, großes aufgerissenes Maul und messerscharfe Zähne. Mann, hast du dich erschrocken! Dann hast du näher hingesehen. Und was war? Alles Pappmaché! Das Ding war so unecht, wie ein Papphai nur sein kann. Nur deine Erleichterung – die war echt.

Und jetzt? Sag dir einfach: Das Ding ist aus Pappmaché, es kann dir nichts tun. Ganz ruhig, Junge. Atme tief ein. Genau so. Und sieh ihn dir an. Du hast keine Angst. Du wirst ihm entgegenschwimmen.

Der Hai ist nur noch wenige Meter von dir entfernt. Entschlossen blickst du ihm in die kalten Augen, dann stößt du dich vom Felsen ab und schwimmst ihm ruhig und langsam entgegen. Der Hai wird unsicher. Er dreht seinen Kopf unschlüssig hin und her, seine Bewegungen werden langsamer, schließlich steht er im Wasser. Du schwimmst weiter. Du hast deine Formel. Du atmest ruhig und gleichmäßig. Du bist ganz beherrscht, ganz ruhig. Jetzt hast du ihn fast erreicht. Da, er dreht sich um und schwimmt davon.

In dem Moment siehst du einige schwarze Schatten über dir und hörst ein erregtes Fiepen. Die Delphine kommen dir zu Hilfe! Sie nehmen die Verfolgung des Hais auf und werden ihn endgültig verjagen. Du atmest auf. Das war knapp! Aber du hast die Furcht überwunden und dich daran erinnert, bei einer Begegnung mit einem Hai niemals wegzuschwimmen, sondern auf das Tier loszuschwimmen. Dann bekommen Haie oft selbst Angst und flüchten. Deine Besonnenheit hat dir das Leben gerettet.

Nun kannst du wieder an Peter und seinen Warnschrei denken. Du lauschst: Das Motorengeräusch ist verstummt. Wahrscheinlich warten eure Verfolger in der Nähe des Höhleneingangs auf euch. Du machst den anderen ein Zeichen, daß du aufsteigen willst. Sie sollen unten auf dich warten. Als du den Kopf vorsichtig aus dem Wasser steckst, siehst du, daß ein Boot dort liegt, wie du es vermutetest, dicht vor der Höhle. Dieselben zwei Männer, die du vorhin in der Höhle gesehen hast, sitzen im Boot und beobachten den Tunnelausgang. Jeder von ihnen hält eine Pistole in der Hand, und so wie sie aussehen, werden sie nicht zögern zu schießen. Und noch etwas siehst du zu deiner Zufriedenheit: Das Boot liegt vor Anker. Sie können also nicht so schnell entfliehen. Sie vermuten euch sicher noch in dem Tunnel. Du tauchst schnell wieder ab, denn ihr müßt rasch etwas unternehmen, sonst werden sie argwöhnisch und verschwinden.

Ihr verständigt euch mit einigen knappen Handzeichen über euer weiteres Vorgehen. Du schwimmst tief unter Wasser bis zur Höhle und machst am Tunnel mächtig viele Blasen mit dem Lungenautomaten. Die Männer werden neugierig und lassen sich davon ablenken. Währenddessen lassen sich die anderen von hinten an das Boot herantreiben und richten ihre Unterwasserpistolen auf die beiden. Eure Verfolger sind so überrascht, daß sie keinen Widerstand leisten. Als du auftauchst, haben die Verbrecher schon die Waffen weggeworfen und blicken in die Läufe von fünf Pistolen. Sie haben die Hände erhoben. Jetzt kommt auch Peter, der mit dem Schlauchboot hinter einem Felsen Deckung genommen hatte, und kann eingreifen. Nun ist alles nur noch ein Kinderspiel. In Windeseile werden die Männer gefesselt und in euer Schlauchboot gebracht. Dann nehmt ihr Fahrt auf zu der Bucht, wo der Hubschrauber auf euch wartet.

Unterwegs bekommt ihr aus den beiden Gefangenen alles heraus, was ihr wissen wollt. Sie haben die Delphine mit Hilfe einer Pfeife in die Höhle gelockt. Du guckst dir die Pfeife genauer an. Sie ist aus Holz, ziemlich klein und selbst geschnitzt. Als du den einen Ganoven darauf ansprichst, erzählt er dir murrend den Rest der Geschichte: Vor Jahren haben sie einen alten Mann beobachtet, der am Strand die Delphine mit einer Pfeife anlockte. Obwohl ihm die Männer viel Geld boten, wollte der Alte die Pfeife nicht hergeben. Als er sich auch noch weigerte, eine zweite Pfeife zu schnitzen, war für die Männer die Sache klar. Bei passender Gelegenheit brachen sie in die Hütte ein und stahlen die Pfeife. „Der Alte hat's nicht mehr lange gemacht", mischt sich der zweite Ganove ein. „Wärt ihr nicht gewesen, wär' uns keiner auf die Schliche gekommen. Das Thunfischfleisch war ein echter Reißer!"

Soviel Kaltblütigkeit ist dir richtig widerlich. Du betrachtest die Pfeife in deiner Hand und bläst hinein. Tatsächlich! Im Nu sind eure Delphine da. Fröhlich umtanzen sie euer Boot und begleiten euch eine lange Weile. Heißer Zorn erfüllt dich, wenn du daran denkst, daß diese beiden Halunken die schönen, freundlichen Tiere aus lauter Geldgier abgeschlachtet und damit soviel Unglück angerichtet haben! Du merkst, wie du immer wütender wirst und am liebsten auf sie einschlagen möchtest. Du gehst auf sie zu und ballst schon die Fäuste. Die beiden sehen dich voller Angst an und heben die Hände schützend vors Gesicht.

Stopp: Abstand halten, ruhig bleiben! Du atmest ruhig und gleichmäßig und spürst, wie sich deine Muskeln automatisch entspannen. Deine Wut verschwindet rasch. Außerdem hast du eine Idee: Du schleuderst die Pfeife weit ins Meer hinaus. Sie soll niemals wieder Schaden anrichten. Nachdenklich blickst du die Täter an. Sie werden ihre gerechte Strafe bekommen.

Du lehnst dich im Boot zurück und schaust in den Himmel. Die Sonne ist aufgegangen, und die Strahlen wärmen dein Gesicht. Zufrieden schließt du die Augen und überläßt dich deinen Gedanken. Ihr habt euren Auftrag gut erfüllt: Ihr habt die Verbrecher gefaßt und das geheimnisvolle Verschwinden der Delphine aufgeklärt. Ihr seid in allen gefährlichen Situationen ruhig geblieben und habt klug und beherrscht gehandelt. Du atmest ruhig und gleichmäßig und läßt deine Gedanken kommen und gehen. Das Boot schaukelt leicht in der Dünung hin und her. Das schläfert dich ein.

Bevor du deine Augen öffnest, streckst du deine Arme, so weit es geht, dann die Beine. Du rekelst dich. Du bist hell wach und öffnest deine Augen. Der Hubschrauber wartet schon.

Reise ins Sonnensystem X33

(Christiane Nebel)

Erste Folge: Die Entdeckung des Sonnensystems

Eure Raumfähre gleitet durch die endlose Weite des Weltalls. Die wohlvertraute Dunkelheit hüllt euch ein, und tiefe Ruhe ringsumher verleiht dir und deiner Crew ein wohliges Gefühl der Geborgenheit. Ihr habt es euch bequem gemacht, und einige deiner Freunde träumen schon von neuen Abenteuern. Auch du bemerkst, wie die Müdigkeit in dir hochkriecht. Du schließt die Augen und denkst voll Sehnsucht an Pana, deinen Heimatplaneten, der etliche Lichtjahre von euch entfernt ist. Pana, ein friedliebender, hochzivilisierter Planet der Galaxis Z400 hat euch vor sehr langer Zeit ausgesandt, das Sonnensystem X33 mit seinen neun Planeten und 32 Monden zu erforschen, das für das ferne Pana noch immer voller Rätsel steckt. Die Hopa, so nennen sich die Bewohner von Pana, glauben fest daran, auf einem der Planeten intelligente Lebewesen anzutreffen. Ihre Raumforschung dient nur dem einen Ziel: dem Nachweis, daß ihr nicht die einzigen intelligenten Lebewesen in den Tiefen des Alls seid.

Ihr wißt, wie wichtig eure Reise für ganz Pana ist, und ihr wurdet bestens auf eure Aufgabe vorbereitet. Alle Gefahren des Alls, soweit sie euch bekannt sind, habt ihr durchdacht und durchgespielt. Ihr seid von allen Bewohnern eurer Heimat die besten Raumforscher Panas, und von euch weiß man, daß ihr alle Probleme zu lösen bereit seid. Ihr beherrscht nicht nur die hochempfindlichen galaktischen Apparaturen, ihr habt auch gelernt, euch selbst unter Kontrolle zu halten. Die Hopas sind sehr empfindsame Wesen, deren Körper und Gedanken bei geringsten, auch harmlosen Reizen verrückt spielen könnten. Manchen Verrücktheiten hat Pana seine heutige Größe zu verdanken, doch vieles wurde dadurch auch zerstört. Von euch hofft man in Pana, daß ihr ruhig und besonnen handelt, was gerade in gefährlichen Situationen wichtig ist. Du kennst die schwachen und doch deutlichen Zeichen deines Körpers, die deine Aufregung signalisieren. Du merkst sofort, wenn du die Zähne aufeinanderbeißt, die Fäuste ballst, die Arme anspannst, wenn deine Schultern verkrampfen und deine Beine wie Bogensehnen angespannt sind. Wenn du viel zu hastig atmest. Und du hast gelernt, deine Muskeln zu entspannen, dann atmest du ruhiger, dein Kiefer wird locker, deine Arme, deine Beine, dein ganzer Körper werden locker und entspannen sich. Du hast auch schon einmal erlebt, daß du vor Aufregung oder Angst nicht mehr klar denken konntest, du weißt, daß deine Entspannungsformel, kurz E-Formel, die beste Methode dafür ist, und du hast sie immer und immer wieder geübt: *„Tief durchatmen, ruhig bleiben, klar denken!"* Eure Trainer haben die verrücktesten Tests mit euch angestellt, sie haben versucht, eure Gedanken zu beeinflussen und eure Körper zu täuschen. Aber es ist ihnen nicht gelungen, die Formel aus euren Köpfen zu entfernen.

Inzwischen hat dich die Sehnsucht nach Pana in die schönsten Träume gehüllt. Du bist glücklich und schwebst zufrieden durch die Weiten des Alls. Du weißt nicht mehr, wie lang du so vor dich hin gedöst hast, als du plötzlich durch leise, aber sich stetig wiederholende Geräusche aufwachst. Dir ist sofort klar, daß dieses helle Geräusch, das immer lauter und schneller wird, nicht aus dem Innern eures Raumschiffes kommt. Du schaust zu Manu hinüber, dessen Aufgabe es ist, die Radartafeln zu beobachten. Doch der hat sich ein buntschillerndes Kristallplättchen an die Stirn geheftet und hört über diesen Sender mit geschlossenen Augen lautstark panaische Musik.

Du springst auf und stürzt zu Manu hinüber und brüllst, so laut du kannst: „Muß ich mich hier um alles selber kümmern, ihr verdammten Idioten! Was nützen uns die besten Solarsysteme und Computer, wenn ihr davorsitzt und pennt!"

Die ganze Mannschaft ist durch dein Gebrüll hellwach, und alle nehmen hastig ihren Platz am Kontrollpult ein. Nervös gleiten Manus Finger über die Computer-Knöpfchen. Er schreit zurück: „Wie soll ich konzentriert arbeiten können, wenn du hier so herumtobst? Hilf mir lieber herauszufinden, was die Ursache für dieses Geprassel ist!"

„Er wird auch noch frech", denkst du und merkst, wie du den Arm hebst und die Hand zur Faust ballst. „Das ist deine Aufgabe", sagst du zornig. „Bist du zu blöde, die Information zu verstehen, die der Computer dir gibt?" Manu murmelt verstockt und beleidigt vor sich hin, was dich noch mehr aufregt.

Du bist aber der Leiter der Expedition. Du mußt einen klaren Kopf behalten. *Also: ruhig atmen, einen Schritt zurück, klar denken!* Du merkst, wie sich deine Muskeln sofort entspannen. Jetzt siehst du dir die Sache erst mal genauer an. Du sprichst zu Manu mit ruhiger und klarer Stimme: „Schalte mal das Rundumteleskop ein, damit wir sehen können, ob unser Raumschiff beschädigt ist."

Ein Knopfdruck genügt, und ihr könnt in einem großen goldglänzenden Spiegel sehen, wie euer Raumschiff im All dahingleitet. Doch ihr seht noch mehr. Millionen kleiner schwarzer Brocken fliegen eurem Schiff entgegen. „Materialprüfung!" lautet dein knappes Kommando. Sofort habt ihr alle nötigen Informationen, die darauf hinweisen, daß immer größere und zahlreichere Brocken schwarzbraunen Gesteins gegen euer Raumschiff prasseln. Es ist sofort klar, in welcher Gefahr ihr seid.

Dir wird ganz mulmig. Deine Hände fangen an zu zittern. „Kurs ändern, verdammt noch mal! Kurs ändern!" schreist du Thila an, die sogleich eine neue Kursberechnung startet. Doch dazu ist es schon zu spät. Euer Raumschiff wird von einem größeren Geschoß getroffen und schwankt stark hin und her. Todesangst überfällt dich. Du hältst den Atem an. Deine Gedanken rasen dir durch den Kopf. Du starrst gelähmt auf das Radar. Du stoppst deine Angst: *weiteratmen, alle Kraft zusammennehmen, nachdenken!* Du holst erst einmal Luft, und sofort kannst du wieder klar denken. Noch seid ihr in Gefahr, die Brocken fliegen um euch herum. Du siehst jetzt erst, daß die Dinger wie ein breiter Strahl auf euch zufliegen. Einige Astromeilen nach oben und unten aber ist der Raum frei. Der Senkrechtschub! Du drückst zügig den Hebel nach oben, und der Senkrechtschub katapultiert euch blitzschnell aus der Gefahrenzone heraus. Das Geprassel hört schlagartig auf.

Das wäre geschafft! Du atmest erleichtert auf. War dies ein Angriff oder eine Naturerscheinung, fragt ihr euch. Thila meint, daß es sich offenbar um einen Kometen handelt, dessen Bahn ihr zufällig gekreuzt habt. Die Materialprüfung ergibt, daß die Brocken die gleiche Zusammensetzung haben, wie eure Wissenschaftler dies vom Planeten des Sonnensystems X33 vermuten. Solltet ihr dem gesuchten Sonnensystem auf die Spur gekommen sein? Existiert es wirklich noch? Ihr freut euch über eure Entdeckung und schaltet auf automatische Steuerung und blickt voller Erwartung hinaus ins All.

Bei dem lautlosen Dahingleiten eures Raumschiffes spürst du ein angenehmes Gefühl der Zufriedenheit und lehnst dich entspannt in deinen Sessel zurück. Dein Atem geht ruhig und gleichmäßig hin und her, ruhig und gleichmäßig. Du bist ganz ruhig und entspannt. Deine Gedanken und Bilder kommen und gehen, wie sie wollen.

Zweite Folge: Die Blechköpfe

Euer Raumschiff fährt ruhig dahin, und die Zeit scheint wie stehengeblieben. Nichts ist bis jetzt passiert. Vor euch liegt die Weite des Alls wie ein endloses, verlassenes Meer der Dunkelheit. Dieses ruhige Dahingleiten ödet dich an. Deshalb hast du dir einen Stapel Science-fiction-Comics geholt und träumst von all den Abenteuern, die darin passieren. Da erscheint plötzlich ein kleines, noch weit entferntes helles Licht, das in regelmäßigen Abständen blinkt.

„Na endlich, es tut sich was", denkst du. Das Raumschiff nimmt Kurs auf das Blinksignal, das immer heller und größer

wird, je näher ihr kommt. Jetzt könnt ihr einen Planeten erkennen. Ihr steuert geradewegs auf eine Landeplattform zu,
auf deren ausgeleuchteter Fläche euer Raumschiff sicher auf-
setzt. Das helle Licht geht aus. Es ist fast so, als ob man euch
erwartet hätte. Doch weit und breit ist niemand zu sehen. Da
kann einem schon etwas mulmig werden. Du entschließt
dich nachzusehen, was draußen los ist, und verläßt in deinem
Raumanzug das Raumschiff. Da erkennst du, daß die Oberfläche des Planeten ganz glatt ist und wie polierter Stahl
glänzt. Du entfernst dich einige Meter vom Schiff, weil dir
dunkler glänzende quadratische Stellen auffallen. Als du genauer hinsiehst, siehst du, daß es sich um Öffnungen handelt,
die nach innen führen. Das willst du dir genauer ansehen.
Doch ohrenbetäubender, metallisch dröhnender Lärm hält
dich zurück. Du ahnst nichts Gutes. Die Geräusche werden
immer bedrohlicher. Und da du nicht genau weißt, was du tun
sollst, breitet sich wieder dieses mulmige Gefühl in deinem
Magen aus. Du bleibst wie angewurzelt stehen und stierst auf
die Löcher. Du kannst kaum glauben, was du siehst: 20 Metallkörper, nein 50, nein, noch mehr in fahlem Licht glänzende, eckige Metallkörper steigen aus den Öffnungen und
glotzen dich mit ihren rotglühenden Augen böse an. Gleich
bist du ganz von ihnen umzingelt.

Du fühlst dich bedroht und wirst zugleich stinksauer. Denn
jetzt bist du inmitten der Blechdinger eingekesselt. „Räumt
den verdammten Schrott weg", befiehlst du schroff deinen
Freunden, die in der Zwischenzeit das Raumschiff verlassen
haben. Doch keiner rührt sich von der Stelle. Zornig beißt du
die Zähne aufeinander, kneifst die Augenbrauen zusammen
und schreist die Metalldinger an: „Hört zu! Wenn ihr elenden
Vogelscheuchen nicht endlich verschwindet, haue ich euch
die Rübe ein!" Doch die kümmern sich nicht darum, was du
sagst. Sie kommen immer näher und starren dich mit ihren
durchdringend leuchtenden Augen gefährlich an. Du merkst
deine Anspannung und denkst sofort: *ruhig atmen, Abstand
nehmen, nachdenken!* Nichts kann gefährlicher werden, als
die eigene Aufregung. Und schon beruhigt sich dein Atem.

Und siehe da, plötzlich bleiben die Metalldinger stehen. Der Gewaltigste unter ihnen macht noch einen Schritt auf dich zu, und während seine roten Augen zu glühen anfangen, hörst du eine blechern tönende Zerrstimme vorwurfsvoll sagen: „Wir haben dich schon vor zwei Saturnjahren zurückerwartet, Roboter X3. Wenn du dich bei deinem nächsten Auftrag nicht exakt an unseren Zeitplan hältst, müssen wir dich zerstören. Doch jetzt empfange deinen neuen Befehl. Deine Mannschaft ist veraltet. Sie muß ersetzt werden. Du wirst sie mit deinem Laser sofort vernichten und dir neue Robotermodelle aus der Fabrik holen. Nun entsorge sie." Du fühlst die Bedrohung. Die Blechköpfe haben hier die Macht übernommen, und sie halten euch für ihre Roboter. Wenn du nicht tust, was sie verlangen, ist es aus mit euch. Du weißt, du mußt all deine Gedanken und Kraft zusammennehmen, um euch zu retten. Du wendest dich dem Raumschiff zu und siehst deine Freunde, wie sie sich ängstlich an die Wand des Raumschiffes pressen. Ein Teil der Metallmonster säumt den Weg zum Schiff, wo du entlanggehen mußt. Der Rest der Dinger weicht nicht von deiner Seite, und ihr Anführer steht direkt hinter dir und hat ein glitzerndes spitzes Ding auf deinen Nacken gerichtet, das dir Angst macht. Der Weg zum Raumschiff scheint endlos. „Wie kommen wir hier bloß wieder weg?" denkst du. Bei jedem Schritt wirst du nervöser. Dein Atem geht hastig. Du weißt, es kommt jetzt ganz allein auf dich an. Du brauchst einen klaren Verstand. *Also: ruhig atmen, wachsam sein. Du schaffst es!* Dein Atem normalisiert sich, und sofort denkst du über die Lösung nach.

Es sind nur noch drei Meter bis zu deinen Freunden. Du bleibst plötzlich stehen und sagst laut mit ruhiger Stimme: „Ja, ich muß es tun." Du gibst dem Oberblechkopf ein Zeichen, daß du bereit bist, deiner Mannschaft den tödlichen Strahl zu versetzen, und gehst entschlossenen Schrittes auf deine Freunde zu. Du ziehst den goldblitzenden Laser aus deinem Gürtel, streckst deinen Arm aus und zielst genau auf deine Freunde, die dich entsetzt anstarren. Es geht um hundertstel Sekunden. Allein von deiner Ruhe und Geschicklichkeit ist euer Überleben abhängig. Und du bist ruhig, ganz ruhig, ganz konzentriert. Deine Hand hält den Laser ganz ruhig, und dann drehst du dich blitzschnell um und feuerst dem Oberklappermann einen harten Energiestrahl genau in seine Schaltzentrale, so daß er mit einem dumpfen Knall durchschmort und nur noch ein Haufen Schrott zu deinen Füßen übrigbleibt. Die übrigen Blechmonster sind total verwirrt und rennen unkoordiniert durcheinander. Schon krachen zwei zusammen.

Das müßt ihr ausnutzen. „Sofort starten", rufst du, „bevor die irren Blechköpfe merken, was los ist!" Deine Freunde reagieren blitzschnell. Ihr springt in euer Raumschiff. Wenige Sekunden später seid ihr gestartet und saust hinaus ins All. Ihr seid erleichtert, die hirnlosen Schrottkisten loszusein, und denkt darüber nach, ob wohl intelligente Wesen sie gebaut haben mögen und was mit ihnen passiert ist.

Schließlich machst du es dir in deinem Sessel bequem und schließt die Augen. Du fühlst, wie dein Atem ruhig und gleichmäßig in deinen Körper hinein- und wieder herausströmt. Du bist mit dir zufrieden und freust dich, daß es dir gelungen ist, einen klaren Kopf in dieser brenzligen Situation zu behalten. Es tut dir gut, ruhig und entspannt mit deinen Freunden zusammen zu sein.

Dritte Folge: Im Banne des Lichtes

Ihr denkt an eure Aufgabe, die Suche nach dem Planeten des Sonnensystems X33, und späht hinaus in das All. Eure Sonarsysteme zeigen an, daß euch das ruhige, weite Nichts umgibt, durch das euer Raumschiff sanft dahinschwebt. Ihr könnt euch jetzt ausruhen oder sonst etwas tun. Du hast Lust, Musik zu hören, und kuschelst dich in deinen Liegesessel. Du bist ganz ruhig, zufrieden und entspannt. Du hörst tolle Musik und träumst von schönen Dingen.

Plötzlich hört die liebliche Musik auf, und ein helldröhnender, fast schmerzender Ton berührt dein Ohr. Du wirst ärgerlich und denkst: „Gerade jetzt, wo meine Lieblingsmusik anfängt, muß so ein dämliches Energiefeld den Empfang stören! Du stützt deine Hände auf die Armlehne und möchtest aufstehen. Aber es geht nicht. Du bist wütend. „Was soll das nun wieder?" Mit aller Kraft versuchst du es noch einmal, wieder ohne Erfolg. Deine Muskeln sind zum Zerreißen gespannt. Du schaust wütend zu den anderen rüber, die dich anglotzen, aber nichts tun, um dir zu helfen. Da wird dir klar, daß sie sich in der gleichen Lage befinden. Du kriegst ein ganz mulmiges Gefühl im Bauch und umklammerst mit feuchten Händen die Armlehnen fester und fester. Zum Glück verschwindet der gräßliche Ton. Aber da spürst du, daß auch deine Füße wie festgeklebt sind und deine Beine immer mehr verkrampfen. Jetzt wird auch dein Rücken fester und fester, und dir ist, als hätte sich eine unsichtbare Rüstung um dich herumgelegt. Wie ein Verrückter versuchst du, Arme und Beine zu bewegen, aber ohne Erfolg. Du fluchst wutentbrannt und merkst gleichzeitig daran, daß du dich wieder nicht in der Gewalt hast.

Also: Tief durchatmen, ruhig bleiben, nachdenken! Solange dein Kopf funktioniert, findest du auch eine Lösung! Du atmest ruhig, und du weißt, du wirst es schaffen, aus dieser vertrackten Lage wieder herauszukommen. Du sprichst Thila an, die vor den Anzeigetafeln sitzt: „Schau dir mal an, woher die Energie kommt und wie stark sie ist!" Doch sie kommt nicht mehr dazu. Euer Raumschiff wird von einem grellen Lichtstrahl erfaßt und dreht sich wie verrückt im Kreis. Du klammerst dich kraftvoll mit den Händen an der Lehne fest und drückst die Oberschenkel ganz fest auf den Stuhl. Du sitzt da wie erstarrt. Du hältst den Atem an und merkst, daß du die Zähne fest aufeinandergebissen hast.

Plötzlich ist das grelle Licht verschwunden, und die Formel hilft dir, dich schnell in der Situation zurechtzufinden: *Tief durchatmen, Ruhe bewahren, alles genau durchdenken!* Du atmest tief ein und aus. Du merkst, wie du die Finger wieder bewegen und die Armlehne loslassen kannst. Die Spannung in deinen Beinen löst sich, und du kannst auch deine Füße wieder bewegen. Jetzt kannst du überlegen, was du weiter tun kannst. Auch die anderen sind wieder okay und kommen zu dir, um zu besprechen, was ihr machen könnt.

Aufmerksam beobachtest du, was sich außerhalb des Raumschiffes tut: Ihr steuert auf eine weite, gestreifte, in unbeschreibbaren Farben glänzende Ebene zu. Die Sensoren zeigen keine verdächtige Infrarotstrahlung an. Ihr könnt euch also mal die Sache von nahem ansehen. Bei der Landung setzt ihr exakt auf einem roten Glitzerstreifen auf, und du machst dich bereit zum Ausstieg. Draußen ist alles okay. Es ist wärmer als auf Pana, aber du kannst es ertragen. Du siehst dir die Farben genau an und entdeckst immer mehr und immer schönere. Du bist so begeistert, daß du gar nicht merkst, daß du dich immer mehr vom Raumschiff entfernst. Plötzlich zucken überall grelle Blitze auf, ebenfalls in allen möglichen Farben. Sie scheinen aus dem Nichts zu kommen und verschwinden in den Farben der Ebene.

Plötzlich siehst du, wie sich langsam die Ränder der riesigen Ebene nach oben wölben und euch und euer Raumschiff einschließen wollen. Ihr seid in die Falle gelockt worden. Du kriegst einen Riesenschreck und bleibst abrupt stehen. Die Farben sind die Köder. Ihr seid eingefangen wie die Fliegen von einer fleischfressenden Pflanze. Du siehst deine Freunde. Sie gehen weiter, als seien sie verzaubert. So marschieren sie in ihr Verderben. Du versuchst, sie zurückzurufen. Aber sie scheinen dich nicht zu hören. Deine Gedanken rasen durch den Kopf. Was soll ich bloß tun, wenn einen der Blitz trifft? Gleich sind das Raumschiff und wir alle eingeschlossen. Wir werden vernichtet. Du merkst deine Kopflosigkeit daran, daß du am ganzen Körper angespannt bist und wild herumschreist.

Halt: Schau dir zuerst alles genau an, und überlege, bevor du handelst! Und du atmest tief ein und aus. Dabei beobachtest du die bunten Blitze, woher sie kommen, wohin sie gehen. Du bist ruhig und konzentriert. Und die Lösung wird dir schlagartig klar: Immer wenn ein Blitz in einen Streifen der gleichen Farbe trifft, passiert gar nichts. Trifft er aber eine andere Farbe, zischt und dampft es fürchterlich. Also springst du bei jedem roten Blitz auf ein rotes Farbfeld, bei einem blauen auf ein blaues Feld. Und du weißt genau, du wirst es schaffen. Über Kopfhörer gibst du deinen Leuten genaue Anweisungen. Zum Glück hören sie dich. Sie folgen dir, und ihr erreicht unbeschadet euer Raumschiff. Sofort gibst du das Startkommando, und die Sonnenspiegel werden ausgefahren, so daß die Blitze auch dem Raumschiff nichts mehr anhaben können, und ihr saust durch die schon sehr klein gewordene Öffnung der Kugel hinaus ins All. Ihr seid gerettet.

Alle sind okay. Ihr seid heilfroh, daß die Gefahr hinter euch liegt. Später wirst du erfahren, daß es im Sonnensystem X33 einen Planeten gab, den nie ein Wesen betreten hat, der von ferne wie ein buntgestreifter, wunderschöner blitzender Ball aussah und den Namen Jupiter trug. Doch jetzt ruhst du dich erst einmal von den Strapazen dieses Abenteuers aus. Du legst dich gemütlich in den Ruhesessel und denkst an angenehme Dinge.

Vierte Folge: Taxi bitte!

Ihr habt einen neuen Kurs eingeschlagen und macht euch für eine lange Fahrt bereit. Du vergleichst deine neuen Berechnungen mit denen eurer Wissenschaftler und kommst zu dem Schluß, daß es vermutlich irgendwann einmal eine große Explosion im Sonnensystem X33 gegeben haben muß, seit der die Planeten, sofern sie überhaupt noch alle existieren, sich immer weiter voneinander entfernen. Ihr habt es euch in euren Sesseln im Kontrollraum bequem gemacht, und dein Blick tastet routiniert die Displays mit den Signallampen ab. Eigentlich könntest du doch wieder mal einen Freund zu Hause anrufen, um zu hören, wie eure Mannschaft gespielt hat.

Doch kaum hast du den Sender eingeschaltet, ist das Raumschiff von einem knisternden Geräusch erfüllt. Sofort startest du die Überprüfung aller Sender und stellst fest, sie spielen alle verrückt. Manu schaltet die Bildempfänger ein, aber außer der Weite des Alls ist nichts zu sehen. Vermutlich zieht gerade ein Elektronensturm vorbei, denkst du, und lehnst dich etwas beunruhigt in deinen Sessel zurück. Tatsächlich verschwindet das Geräusch wieder, und du ordnest die Überprüfung aller Systeme an. Dabei entdeckt Thila, daß euer Raumschiff von einem Ionengürtel umhüllt ist. Das bedeutet nichts Gutes! „Ha, verdammt noch mal, wer hat da wieder seine Finger im Spiel", denkst du ärgerlich. Du berechnest den Kurs, und du spürst, daß du nervöser wirst. „So ein Mist, wir kommen vom Kurs ab", schimpfst du.

Du gibst hastig eure richtigen Kursdaten in den Computer, doch das Raumschiff steuert nicht in die gewünschte Richtung weiter. „Wir gehen auf Handsteuerung", tönt deine Anweisung. „Ich sprenge den Ionengürtel", dein Finger drückt auf den Knopf, der die Sprengung auslösen soll. Doch nichts passiert. „Verdammt noch mal", schreist du, „heute ist aber auch überall der Wurm drin." Du hämmerst wie blöd auf den Auslöser, aber es passiert nichts. Du spürst noch mehr Zorn in dir hochsteigen. Deine Finger ballen sich zu einer bedrohlichen Faust, die danach drängt, das ganze Armaturenbrett kurz und klein zu schlagen. Der ganze Körper ist angespannt, du möchtest aufspringen und laut brüllen vor Ärger. Doch du weißt, so weit darfst du es nicht kommen lassen. Zwischenfälle im All kriegt man nur mit klarem Verstand in den Griff. Du sagst innerlich zu dir selbst: *Ganz ruhig, Junge. Gleich wirst du wieder ganz klar sehen. Raumfahrer flippen nicht aus!* Du atmest wieder ruhig und spürst, wie sich deine Muskeln entspannen. Du kannst dich wieder konzentrieren und denkst genau über alles nach, was bisher passiert ist. Erst war da die Störung der Funksysteme, dann der Ionengürtel und die Kursabweichung, und die Handsteuerung funktioniert auch nicht. Da bleibt nur eine Erklärung: Der Ionengürtel hat euch manövrierunfähig gemacht, und vermutlich saust ihr auf einem geheimnisvollen Flugleitstrahl einem unbekannten Ziele zu. Wenn deine Überlegungen stimmen, würdest du euch mit irgendwelchen gewagten Steuermanövern nur noch mehr in Gefahr bringen. Das Vernünftigste, was du tun kannst, ist, das Raumschiff von dem Flugleitstrahl tragen zu lassen.

Also läßt du das Raumschiff gleiten und starrst voller Erwartungen hinaus in die Nacht und versuchst, in der euch umgebenden Finsternis irgendein Ziel zu erspähen. Plötzlich habt ihr es vor Augen, und euch fehlen vor Erstaunen die Worte. Ihr steuert geradewegs auf zwei kleine, dicht beieinander liegende, grünlich schimmernde Planeten zu, die von je vier Monden umgeben sind. „Zwillingsplaneten", murmelst du überrascht. So was Tolles hast du noch nie gesehen, und du genießt den wunderbaren Anblick. Kurze Zeit später setzt euer Raumschiff sicher im Tal einer von Hügeln umgebenen Landschaft auf.

Die Sensoren entsperren den Ausgang. Kaum, daß ihr das Schiff verlassen habt, seht ihr über den Hügel weiße, schalenförmige Dinger auf euch zuschweben. Sie kommen näher, halten in Höhe eurer Kniekehlen und schwupp, schon sitzt ein jeder von euch bequem in einer Schale, die euch lautlos davonträgt. Das ist überraschend und angenehm zugleich. „Das hast du aber toll arrangiert", albert Manu, und Kehlo meint fröhlich: „Ich hätte aber lieber ein gelbes Taxi gehabt." Eure Taxen schweben mit euch über eine phantastische Hügellandschaft dahin, die aussieht, als sei sie wie von einem flauschigen Moosteppich bedeckt. Ihr fliegt eine Kurve, dahinter erscheint eine hohe weiße Lavafelswand. Sie teilt sich blitzschnell, und ehe du klar denken kannst, fahren eure Schalen mit euch hinein, und die gewaltige Wand schließt sich wieder.

Jetzt wird dir doch ganz schön mulmig im Bauch! Du bist ziemlich nervös und denkst: „Hier sitzen wir in der Falle!" Du kommst dir vor wie ein Kaninchen, das auf den Jäger wartet: völlig hilflos. Die anderen sehen dich fragend an. Auf dir lastet die ganze Verantwortung. Sie erwarten, daß du die richtige Entscheidung triffst. Das macht dich ganz kribbelig. Deine Gedanken drehen sich im Kreis. Dein Hals ist so zugeschnürt, daß du kein Wort mehr hervorbringst. Du sitzt mit angespannten Muskeln in deiner Flugschale, genauso als würde dich eine unsichtbare Faust in sie hineinpressen. Du merkst deine Aufregung und denkst: „Ich muß die Kontrolle über mich behalten." Die Formel: *Ruhig atmen, erst mal hinsehen, klar denken!* Du bist sofort ganz klar und kannst alles genau betrachten. Du schaust dir alles an, ihr befindet euch in einem riesengroßen, unterirdischen Bauwerk. Die silbrig spiegelnden Wände lassen alles noch gewaltiger erscheinen, wie ein Wunderwerk. Eure Schwebeschalen stoppen, als ihr in eine quadratische Spiegelhalle einschwebt. Ihr könnt jetzt aus den Schalen aussteigen. Ihr seht euch vorsichtig um, da ihr annehmt, daß ihr erwartet werdet. Doch niemand ist zu sehen. Kein Laut ist zu hören. Ihr seid allein. Allein mit einem riesigen Metallkasten, der in der Mitte der Halle steht. Vorsichtig begibst du dich zur Mitte, auf das Metallding zu. Da ertönt in unmittelbarer Nähe des wuchtigen Kastens eine eigenartige Stimme, die so verzerrt klingt, daß dir der Schreck in die Glieder fährt. Du wagst dich nicht von der Stelle. Du bleibst stehen und hältst unwillkürlich den Atem an. Der Angstschweiß bricht dir aus. Eingeschlossen und ausgeliefert wie ihr seid, mußt du jetzt einen klaren Kopf behalten.

Also: weiteratmen, Mut fassen, die Situation untersuchen! Deine Augen tasten entschlossen und ruhig den Raum ab; Stück für Stück. Du kannst niemanden entdecken, ihr scheint wirklich allein hier zu sein. Du gehst auf den Metallklotz zu, um ihn dir näher anzusehen. Da ertönt wieder die Stimme. Du mußt schlucken, aber du hast dich gleich wieder unter Kontrolle. Du atmest ruhig ein und aus und sagst dir: „Ruhe bewahren! Ich kriege schon noch heraus, was hinter diesem Spuk steckt!" Als die Stimme zum dritten Mal ertönt, hast du rausbekommen, was geschieht. Die Stimme kommt aus dem Inneren des Metallkastens und ertönt immer dann, wenn du eine bestimmte Stelle am Boden berührst. Es handelt sich um einen Sprach-Computer.

Du versuchst angestrengt zu verstehen, was die verzerrte Stimme sagt. Aber es will dir einfach nicht gelingen. Du vermutest, daß eure Rettung ganz und gar von diesem veralteten

Computer abhängt, den alle Augenblicke seine letzten Energiereserven verlassen können. Du versuchst, dich zu konzentrieren. Aber je mehr du dich anstrengst, desto weniger kannst du die Stimme verstehen. „Ich muß es herauskriegen", hämmert es in deinem Schädel. Du entspannst dich und denkst sofort wieder klar. Als erstes identifizierst du jede einzelne Silbe. Dann setzt du sie so zusammen, daß es Sinn macht: „Willkommen zu Hause auf Netto 2", sagen dir die Stimmfetzen. „Erwarte deine Befehle!"

„Aha", jetzt wird dir klar, daß der Computer deine Anweisungen erwartet. *Ganz ruhig bleiben, genau überlegen und klar sprechen*", denkst du und sagst: „Schwebetaxen bereitmachen! Rückkehr zum Raumschiff." Gespannt wartest du ab, was geschieht. Du traust deinen Augen kaum. Da kommen doch wirklich die Schwebetaxen in die Halle gefahren. Ihr wißt ja jetzt, wie es funktioniert. Erleichtert laßt ihr euch auf einen Sitz fallen – und ab geht die Post! Du atmest erleichtert auf, als der Fels sich hinter euch schließt und sich unter euch der herrliche Moosteppich ausbreitet. Ihr freut euch, das Raumschiff wiederzusehen, und im Nu ist alles startbereit. Nichts wie weg hier, bevor der klapperige Computer erneut auf die Idee kommt, einen Flugleitstrahl auszusenden, der euer Raumschiff gefangenhalten könnte.

Als ihr in sicherer Entfernung seid, schaltet ihr auf Automatik. Jetzt habt ihr eine lange Ruhepause verdient. Du schließt die Augen, dein Atem geht ruhig und gleichmäßig hin und her, ruhig und entspannt. Du spürst, wie dein Körper langsam schwer und warm wird, und du träumst von angenehmen Dingen.

Fünfte Folge: Die blauen Geisterkugeln

Euer Raumschiff fährt ruhig dahin. Alles ist friedlich. Ihr ruht euch aus. Du sitzt in einem breiten gemütlichen Sessel und schaust hinaus in die unendliche Weite des Alls. Du bist hellwach, als du Thilas laute Stimme hörst. „Etwas rast auf

uns zu. Ich empfange starke Signale in geringer Entfernung!"
Da taucht es auch schon auf, wie aus dem Nichts kommend.
Dir stockt der Atem. In letzter Sekunde schaffst du es gerade
noch, den Steuerknüppel zur Seite zu reißen, um eine Kolli-
sion zu verhindern. Du hast einen Riesenschreck bekommen
und umklammerst immer noch verkrampft den Steuerknüppel. *Also: „Ruhig atmen, klaren Verstand bewahren!"* Gleich
wirst du wissen, was draußen los ist. Du wirst ruhiger. So, das
hättest du geschafft! Du bist jetzt ruhig und konzentriert.

Du ortest die Signale und bringst euer Raumschiff auf Par-
allelkurs zu dem Flugobjekt. Kurze Zeit später habt ihr es
deutlich im Blick. Eine goldfunkelnde Kugel, aus der sechs
lange Goldstäbe herausragen, rast neben euch her. „Verdammt noch mal, das hätte aber schiefgehen können! Gar
nicht auszudenken, was hätte passieren können, wenn sie in
das Raumschiff eingeschlagen hätte." Du klärst deine Mannschaft darüber auf, daß man in früheren Zeiten solche Dinger
ins All geschossen hat, um das Wetter zu erforschen. Und
jetzt sind diese Wettersatelliten nutzlos und gefährden die
moderne Raumfahrt.

Während ihr euch über die moderne Art der Wettervorher-
sage unterhaltet, empfängt Thila ein weiteres, ganz schwaches Signal. Es ist noch sehr weit entfernt. Ihr beschließt deshalb, ein wenig zu dösen. Du genießt das sanfte Hin und Her
des Raumschiffes und beginnst zu träumen. Als die Signale
lauter werden, bist du wieder voll da. Du fährst zwei Peilan-
tennen aus, und nun hört ihr es alle ganz deutlich: Signale von
intelligenten Lebensformen! Unregelmäßig, aber deutlich
hörbar. Euer Raumschiff steuert geradewegs in das Zentrum
der Signalquelle. Du schaltest alle Signalverstärker ein. Jetzt
werden die Töne immer lauter, immer regelmäßiger. Auf dem
Ultraschallmonitor sehen sie aus wie Kreise, die sich rhyth-
misch zusammenziehen. Irgendwie machen die Töne etwas
mit dir und deinem Körper. Wie gebannt starrst du auf das
Sichtgerät. Du stehst wie angewurzelt, deine Arme und Beine
sind schwer wie Blei, deine Hände werden feucht, und eiskalt
kribbelt dein Rücken. Du starrst auf die Kreise, die immer

deutlicher werden. Das kann doch nicht möglich sein! Die Signale und der Takt deiner Atmung sind genau gleich. Auch die anderen stehen fassungslos vor dem Schirm. Du denkst an die E-Formel, wie du es im Trainingscamp gelernt hast: *Tief durchatmen, klar denken, dann handeln!* Du atmest tief ein und aus. Und noch einmal tief ein und aus. Dein Herz schlägt ruhig. Das beruhigt dich, und du atmest noch einmal tief ein und aus. Dein Blick ruht dabei ruhig und konzentriert auf dem Sichtgerät, und du beobachtest den Rhythmus der Signale ganz exakt. Du erkennst ihre Botschaft an dich. Entschlossen und klar ertönt deine Stimme: „Wir kommen!" Kurz gibst du deine Anweisung: „Volle Kraft voraus! Ins Zentrum der Signale!" Und ihr saust hinein in die Tiefen der Nacht, begleitet von dem Geräusch, das Leben signalisiert.

Damit es während der langen Anreise nicht so langweilig wird, sucht ihr das Unterhaltungszimmer auf. Du legst euer Lieblingsspiel ein: Es heißt O^X Zero, und du bist verdammt gut darin. Mitten ins schönste O^X platzt Thilas Stimme: „Planetarisches Objekt in 3,079 pm Entfernung, Kurs unverändert, Geschwindigkeit konstant." Ihr laßt O^X O^X sein und lauft schnell hinauf in den Kontrollraum. Du drückst einen Knopf, der die schwarze Außenhaut eures Raumschiffes in eine gläserne verwandelt. Ihr seht einen kleinen, blauen Planeten, der immer größer wird, je näher ihr kommt. „Gashülle wie auf Pana – Klima verdammt heiß – Leben: Zustandsform auf Pana unbekannt", kommentiert Thila. Und schon stoßt ihr durch die Atmosphäre hindurch und landet unbeschadet und sicher im weichen blauen Sand. Du steigst durch den Luftschacht aus, und obwohl alle Instrumente abgeschaltet sind, kannst du eine Art Pochen laut und deutlich hören. Du wirst nervös. Es ist alles so unwirklich, der blaue Sand, das Pochen. „Das werden ja wohl nicht die Engel sein, die an die Himmelstür klopfen", denkst du und mußt grinsen bei der Erinnerung an das Fantasy-Programm, das du an einem ausrangierten Uraltcomputer mal gespielt hast. Dein Atem geht wieder ruhiger. Und du sagst dir, daß du bestimmt das Beste aus allem machen wirst, ganz gleich, was auch geschehen mag. Du entfernst dich vom Raumschiff und testest den Sand unter deinen Füßen, der dich gut trägt. Du siehst ihn dir genau an, denn so feinen blauen Sand hast du noch nie gesehen.

Dann hebt sich dein Blick, und der Schreck fährt in all deine Glieder. Du bist umringt von vielen blauen, kugelartigen Dingern, die ständig ihre Größe ändern und fast durchsichtig sind. Das sind wahrhaftig keine Engel. Und da ist auch das Pochen wieder. Es kommt von allen Seiten lauter, immer lauter und immer schneller. Du zitterst vor Aufregung und greifst zum Laser. Du läßt die blauen Geisterwesen, die immer näherkommen, nicht aus den Augen. *„Jetzt bloß nicht durchdrehen"*, sagst du dir, *„ruhig Blut."* Du atmest einige Male tief ein und aus. Du bist froh, den Laser nicht benutzt zu haben. Jetzt versuchst du, über Funk einen Teil deiner Leute herbeizuholen.

Doch das Funkgerät arbeitet nicht. Der Kontakt ist gestört. „Vielleicht ist irgendwo eine Störquelle", denkst du und probierst, das Raumschiff mit dem Frequenzumwandler anzupeilen. Kaum hast du diesen eingeschaltet, schreckst du hoch, denn du bist von tausend Stimmen umgeben. Sie berichten von ihrer einst überragenden Größe im Sonnensystem: „Wir haben uns Menschen genannt und gaben unserem Planeten den Namen Erde. Auch wir hatten einmal einen Körper wie du. Doch das ist lange her. Eine Katastrophe unsagbaren Ausmaßes kam über uns bei dem Versuch, die Natur zu beherrschen. Wir mußten unseren Fehler mit dem Verlust unserer Körper bezahlen. Du siehst vor dir, was von uns übriggeblieben ist. Unser Geist, mehr nicht. Er läßt uns nicht zur Ruhe kommen. Wir sind dazu verdammt, Zeichen des Lebens, den Rhythmus des Atems als Signale in den Weltraum zu senden, um noch bestehendes Leben anzulocken und es vor ähnlichen Fehlern zu warnen und zu beschützen."

Dann wird es still und die blauen Gebilde verschwinden genauso schnell, wie sie gekommen sind. Du hättest gerne noch mehr erfahren, und um mit den einstigen Menschen auch noch weiterhin in Kontakt zu bleiben, läßt du den Sender zurück und gehst zum Raumschiff. Dein Team, das alles vom

Raumschiff aus beobachtet hat, erwartet dich voll Spannung. Nach einer Weile startet ihr wieder und sucht weiter nach neuen Lebensformen im All. Ihr redet noch lange darüber, wie das Leben wohl früher auf der Erde ausgesehen haben mag. Damals, als die Menschen noch ihre Körper hatten.

Doch jetzt liegt die Erde schon weit hinter euch. Vor euch aber liegt die endlose Weite des Alls mit all euren Hoffnungen. Euer Raumschiff gleitet schwerelos hin und her. Du weißt: Ihr werdet euren Auftrag erfolgreich ausführen. Alle werden stolz auf dich sein. Du bist zufrieden mit dir, lehnst dich in deinen Sessel zurück, schließt die Augen und genießt die Stille des Alls.

Sechste Folge: Brüder im All

Du ruhst dich in deinem bequemen Raumsessel aus und bist mit deinen Gedanken zu Hause auf Pana. Du träumst von den grünen Wiesen mit ihrem zarten Gras, duftenden Blumen, von dem Meeresstrand mit dem feinen, warmen Sand. Du kannst das leise Rauschen der Wellen hören, die sanft hin und her schwingen. Du stellst dir vor, wie der feine, warme Sand durch deine Finger rieselt und die Sonne warm auf deinen Bauch scheint. Als du aufwachst, bist du ziemlich sauer, weil du den Anblick der ewigen Blechwände mit all ihren Tasten und Ziffern und Zeigern nicht mehr ertragen kannst.

Du blickst dich um, und dir ist, als schauten die Gesichter deiner Freunde ziemlich griesgrämig drein. Ob die wohl auch die Schnauze voll haben von der ewigen Raumgondelei, denkst du und fragst: „Na, was ist denn los?" Und schon geht das Gemaule los. Manu sagt: „Ich habe es satt, weiter durch die Nacht zu geistern! Was soll eigentlich dieses verrückte Gesuche nach Lebewesen im Sonnensystem X33?" Und Thila: „Die sind ja doch alle abgehauen! Ich muß mal wieder andere Gesichter sehen. Ihr ödet mich an! Ich halte es hier nicht mehr länger aus! Immer dieser Pulverfraß! Und die faden Vitaminwässerchen! Ekelhaft!"

Du merkst, daß du sie anschnauzen willst, wie dein Ärger hochkommt. Du ziehst die Augenbrauen hoch und stößt wütend deinen Atem aus. Doch einer muß hier die Nerven behalten. *Also: Ruhig bleiben und klaren Kopf behalten!* Du atmest einmal tief durch und sprichst mit beruhigender Stimme: „Ich bin sicher, daß wir die fehlenden Planeten bald finden, und dann geht es sofort nach Pana zurück." So gelingt es dir, deine Freunde zu ermutigen. Ihr besprecht, wie es weitergehen soll. Fünf Planeten habt ihr schon gefunden, und eigentlich müßtet ihr durch Berechnungen herausfinden, wo ihr auf weitere Planeten stoßen könntet. Ihr füttert den Computer mit allen vorhandenen Daten, und aufgrund der Ergebnisse beschließt ihr, einen Punkt anzusteuern, der nicht allzuweit von eurer jetzigen Raumposition entfernt ist. Mit voller Kraft zischt ihr ab durch die endlos weite Dunkelheit.

„Wir haben ihn, wir haben ihn gefunden", ruft Thila aufgeregt. Du kannst in der Ferne ein schwaches Licht erkennen. Du bereitest den Landeanflug vor. „Siehst du es, kannst du es erkennen?" sagst du erregt zu deinem Nebenmann, „Ja, die dunkel-silbrig grauen Flächen. Ob das Wasser ist?" – „Wo es Wasser gibt, gibt es auch Leben. Meinst du nicht auch?" fragst du zurück. Beim Näherkommen erkennt ihr es ganz genau. Es ist Wasser! Und es gibt Flüsse und Landschaften. Eure Landung ist perfekt.

Doch was ist das? Du starrst mit weit aufgerissenen Augen nach draußen. Euer Raumschiff ist umgeben von unzähligen grünleuchtenden Augen! Du denkst sofort an heißhungrige Tiere, die darauf lauern, euch zu verschlingen. Du fängst an zu zittern. Der Schweiß steht auf deiner Stirn, und erst jetzt merkst du, daß dein Atem viel zu hastig gehst.

Stopp: Nur Mut und genau hinsehen! Du achtest auf deinen Atem, damit er wieder ruhiger wird, und du merkst, wie du wieder die Übersicht gewinnst. Du siehst dir die grünen leuchtenden Augen genau an, und du erkennst, daß es dazu Gesichter gibt. Nun bewegst du dich auf die Glaswand eures Raumschiffes zu. Du siehst es jetzt ganz deutlich. Um euer Raumschiff herum stehen dichtgedrängt Gestalten, die etwa halb so groß sind, wie ihr seid. Sie haben leuchtend grüne Augen in glatten, feinen Gesichtern. Die hellen Haare über ihrer enorm hohen Stirn sind glattgeschoren. Und ihre Körper werden von langen lila Gewändern bedeckt. Einige der Gestalten bewegen sich. Ja, nun erkennst du es ganz deutlich, sie geben dir Zeichen. „Wenn doch bloß diese schrecklichen Augen nicht wären", denkst du.

Dir ist klar, daß gleich etwas geschehen muß, und da du die Leitung hast, ist es deine Aufgabe, eine Verbindung aufzunehmen. Du verläßt das Raumschiff und bist erleichtert, als du merkst, daß die Gestalten ganz friedlich sind. Du staunst nicht schlecht, wie eine Stimme dich in deiner Sprache anspricht. „Sei uns willkommen, Fremder. Unsere Gedanken haben mit euren Gedanken Verbindung aufgenommen. Aber wir haben festgestellt, daß ihr noch der Sprache bedürft, um euch mitzuteilen." Das ist also des Rätsels Lösung! Sie sind Telepathen. Sie verständigen sich normalerweise durch den Austausch von Gedanken, können aber auch sprechen – oder doch nicht? Du schaust wie gebannt auf den Mund des Sprechenden, doch der hat sich während des Sprechens kein bißchen bewegt. Nach und nach klärt sich alles auf. Die kleinen Wesen nennen sich Otu und bewohnen einen Planeten, den sie Pluto nennen. Sie erzählen, daß ihr Planet sich einst am äußersten Rande des Sonnensystems X33 befunden habe. Jetzt aber seien sie weit in den Raum getrieben und näherten sich einem anderen System, dessen Sonne sie schon sehen können. Bis zum frühen Morgen erzählen sie euch ihre Geschichte und all das, was sie über das Sonnensystem wissen. Ihr erfahrt, daß eure Theorie von der riesigen Explosion stimmt. Dabei hat die Sonne die beiden ihr am nächsten gelegenen Planeten, den Merkur und die Venus, verschluckt. Übrig geblieben ist nur eine große Wolke aus Gas und Staub, die irgendwo in der Weite des Weltalls umherzieht. Sie erzählen euch von ihrem Besuch auf dem Saturn, wo sie außer verwirrten Robotern nichts entdecken konnten, und von dem gefährlichen Jupiter, der mit seinen Farbblitzen alles zerstört. Dann berichtet ihr von euren Abenteuern. Als ihr von den schwarzen Metallbrocken berichtet, erfahrt ihr, daß diese vor nicht allzu langer Zeit mit einer rasenden Geschwindigkeit auch an Pluto vorbeigezogen sind. Zum Glück ist nichts passiert. Die Otus vermuten, daß es sich hierbei um die bei einer Explosion zersplitterten Teile des Planeten Mars und einiger Monde handelt, die jetzt als Meteoriten durch das All düsen. Ihr habt euch sehr viel zu erzählen.

Du merkst, wie du vom vielen Zuhören und Erzählen langsam müde wirst. Am fernen Horizont siehst du eine Sonne aufgehen, doch du hast nur einen Wunsch: schlafen! Du blickst den neben dir sitzenden Otu an. Natürlich weiß der sogleich, was du ihn noch fragen willst, und er antwortet sofort auf die Frage, die sich gerade erst in deinen Gedanken bildet. „Ja, unsere Augen sind abhängig von unserer neuen Sonne. Sie beginnen zu leuchten, wenn Dunkelheit hereinbricht. Dadurch können wir sehen wie am hellichten Tag."

Jetzt hast du alles erfahren. Du bist zufrieden und glücklich, ruhig und entspannt. Ihr habt euren Auftrag bestens erfüllt. Mit Ruhe und Besonnenheit ist es euch gelungen, die schwierigsten Aufgaben zu bewältigen, ihr habt das Sonnensystem X33, wenigstens was davon übriggeblieben ist, aufgestöbert. Ihr habt die Otus in den Weiten des Raumes entdeckt, ihr werdet nach Pana zurückkehren mit der Gewißheit, daß ihr nicht allein in der Unendlichkeit des Universums lebt. Das ist für euch eine große Beruhigung und ein sehr, sehr gutes Gefühl.

Amazonasland

(Christiane Nebel)

Erste Folge: Der Aufbruch

Es ist Mittag. Die Sonne schießt gnadenlos ihre glühenden Strahlen auf die Erde. Ihr seid nun schon seit vier Tagen unterwegs, aber die Hitze ist immer noch euer größter Feind. Ihr habt euch zurückgezogen in eure Kojen oder die wenigen schattigen Plätze auf Deck und seid müde und schlapp. Während du so vor dich hin döst und hoffst, daß die Sonne bald hinter den schattenspendenden Mangrovenbäumen verschwindet, kommen dir erneut Gedanken zu eurem Auftrag. Es war gestern vor einer Woche, als dir beim Durchblättern der Zeitung eine fettgedruckte Anzeige ins Auge stach. „Unerschrockene junge Leute für aufregende Dschungelexpedition in Südamerika gesucht. Mut und Abenteuerlust Voraussetzung. Bitte umgehend melden. Telefon: 4710."

Ein angenehm aufregendes Kribbeln erfaßte deinen ganzen Körper. Da möchtest du mitmachen. Endlich ist wieder was los. Ungeduldig und nervös wählst du die angegebene Telefonnummer. Dein Herz pocht, Zweifel schießen durch deinen Kopf. „Hoffentlich rufe ich nicht zu spät an! Werden die mich überhaupt nehmen?" Deine Sorge war umsonst. Schon am Nachmittag desselben Tages erfährst du mehr über das abenteuerliche Unternehmen. Du und die anderen, die sich auf die Anzeige gemeldet haben, ihr sollt ein bislang unbekanntes Urwaldgebiet auskundschaften, das heißt, ihr sollt genaue Karten über das Gebiet anfertigen, Fotos machen und filmen.

Es ist möglich, daß ihr dabei auch noch auf wildlebende Indiostämme trefft, die euch für Feinde halten und euch töten könnten. Ihr könnt von wilden Tieren angefallen werden.

Große, dicke Schlangen, die sich lauernd im Geäst verborgen halten und sich blitzschnell um die Kehle wickeln, können euch erwürgen. Niemals werdet ihr vor den Wolfsspinnen sicher sein, deren Biß tödlich ist.

Eure Aufgabe ist schwierig, und ihr müßt euch über das Risiko, das ihr eingeht, im klaren sein. Ihr werdet nach Brasilien fliegen, dort in zwei Helikopter umsteigen, die euch bis zur Abzweigung eines von wildem Urwald umgebenen Amazonas-Seitenarmes bringen werden. Von da aus geht es mit einem kleinen Motorboot weiter, das euch hoffentlich sicher durch die Stromschnellen bringt. Ihr müßt immer und überall sehr wachsam sein. Die Gefahren lauern überall. Damit du in gefährlichen Situationen nicht durchdrehst, hast du noch am gleichen Tag mit einem Überlebenstraining begonnen, zu dem auch ein Fitneß- und ein Entspannungstraining gehören. Du hast gelernt, jeden einzelnen Muskel zu kontrollieren, so daß du deinen Körper immer unter Kontrolle hast. Du merkst sofort, wenn du aus Angst fast das Atmen vergißt und keinen klaren Gedanken fassen kannst. Du hast während des Trainings gelernt, wie du dich durch richtiges Atmen entspannen kannst. *Du atmest tief ein, dein Atmen wird ruhig und gleichmäßig, und dein Kopf wird frei zum Denken.* Du bist sicher, daß du dich bei Aufregung, Angst oder Ärger nicht mehr zu falschen Reaktionen hinreißen läßt. Du brauchst nur an die Entspannungsformel zu denken und schon wirst du ruhig und entspannt.

Als dich eine Hand sanft an der Schulter berührt, bist du wieder hellwach. Es ist angenehm zu spüren, daß die schlimmste Hitze vorüber ist. Auf der Suche nach einer Ankerstelle wandert dein Blick an der Uferböschung entlang. Rechts und links des Flusses breitet sich der wildwuchernde Urwald aus. Die Büsche tauchen ihre grünblättrigen Zweige tief in das gelbschlammige, zäh dahinfließende Wasser. Tote Baumstämme säumen das Ufer, und Lianen hängen von den Bäumen herab. Da noch kein günstiger Uferstreifen zum Ankern in Sicht ist, machst du es dir auf dem Bootsrand bequem. Über dich hinweg fliegt kreischend ein grünblauer Papagei, und kleine Vögel schießen flink auf der Jagd nach Moskitos über das Wasser. Du läßt deine Füße ins Wasser hängen und genießt die kühle Strömung auf der heißen Haut und spürst, wie sie in deinem ganzen Körper aufsteigt und dich erfrischt. Neben dir liegt eine Angel. Du befestigst ein Stück Fleisch von einer kurz zuvor erschlagenen Wasserratte am Haken und wirfst sie aus. Schon nach kurzer Zeit zieht und zerrt es an der Leine. Ein mittelgroßer, silbriger Fisch schlägt verzweifelt mit der Schwanzflosse. Die großen Kiefer schnappen auf und zu. Sein Bauch ist rot, wie in Blut getaucht. Mira kommt auf dich zu und sagt lachend: „Ah, ein Piranha!" Sie nimmt einen fingerdicken Zweig, dreht ihn einige Male im blutverschmierten Fleisch und hält ihn dem Fisch vors Maul. Ein einziger Biß zerteilt den Zweig messerscharf. Blitzschnell ziehst du deine Füße aus dem Wasser. Du bist blaß vor Schreck. Du denkst daran, was alles hätte passieren können. Deine Zehen hätte er abbeißen können. Sogar ein Stück deines Fußes! Dein Blut hätte im Nu weitere Piranhas angelockt, die über deine Füße hergefallen wären. Ein kalter Schauer läuft dir über den Rücken. Auf deiner Stirn steht der Schweiß. Du drückst dich wie erstarrt gegen die Bootswand und wagst kaum zu atmen. Das hätte wirklich schiefgehen können. Du kennst die gefräßigen Piranhas, die in wenigen Minuten einen in den Fluß gefallenen Menschen bis auf das Skelett abnagen können. Du stößt einen tiefen Seufzer der Erleichterung aus und atmest einige Male kräftig, aber ruhig ein und aus. Das wäre noch einmal gutgegangen. Du schaust auf deine Füße und bewegst beruhigt und zufrieden deine Zehen hin und her.

Paco, euer Steuermann, hat inzwischen eine günstige Ankerstelle entdeckt und steuert das Boot behutsam dem Ufer zu. Mira vertäut das Boot an einem dicken Baumstamm, und während die anderen das Gepäck für die Nacht ausladen, machst du dich auf den Weg, um Feuerholz zu suchen. Du entfernst dich von eurem Lagerplatz, denn es ist schwer, so nah am Wasser trockene Zweige zu finden. Ein helles Rascheln über dir läßt dich zusammenfahren. Entsetzt starrst du nach oben. Eine dicke, grüne Baumschlange gleitet auf dich zu. Du erstarrst und blickst gelähmt vor Entsetzen auf den Schlangenkopf. Du willst weg, aber kannst dich nicht bewegen.

Du kommst dir vor wie Mogli, der von der Schlange Kaa hypnotisiert wurde. Du machst einfach die Augen zu. „So, du Biest! Ende mit der Hypnose", sagst du innerlich. *„Tief einatmen, ruhig sein, klar denken."* Bei dem Wort „klar", machst du die Augen wieder auf. Aber ganz langsam. Jede hastige Bewegung würde die Gefahr vergrößern, jeder falsche Schritt die Schlange nur noch mehr auf dich aufmerksam machen. Jetzt bist du ganz sicher, daß du dich ohne Hast entfernen kannst. Total konzentriert gehst du Schritt für Schritt zurück, bis du außer Gefahr bist.

Du sammelst flink etwas trockenes Holz auf und gehst zum Lager zurück. Die anderen erwarten dich schon, und ihr besprecht den Plan für den kommenden Tag. Als die Dämmerung hereinbricht, ertönt aus den Tiefen des Dschungels ein wirres Durcheinander dumpfer Töne, und vom Ufer her dröhnt das dunkle Quaken der Sumpffrösche wie ein entferntes Trommeln. Du steigst in deine Hängematte, legst das Moskitonetz über dich und machst es dir so bequem wie möglich. Eine Weile beobachtest du die Wolken und den Mond, der wie ein silberner Halbkreis am dunklen Nachthimmel entlangwandert. Während du den Mond verfolgst, wie er hinter den Baumkronen verschwindet und langsam wieder auftaucht, schläfst du ruhig und zufrieden ein und träumst von schönen Dingen. Deine Augen sind geschlossen, dein Atem geht gleichmäßig hin und her.

Zweite Folge: Die Stromschnellen

Euer Boot fährt ruhig in der Mitte des Flusses dahin. Du liegst auf den warmen Brettern im Heck und siehst eine Weile den buntschillernden, lustig zwitschernden Vögeln zu, die dicht über der Wasseroberfläche nach Insekten jagen. Es ist angenehm, in der Sonne zu liegen und zu beobachten, was ringsumher passiert. Du konzentrierst dich auf die Geräusche, die dich umgeben. Der Motor tuckert leise vor sich hin, die vom Wind leicht gekräuselten Wellen schlagen sanft an das Boot. Aufmerksam nimmst du die Geräusche wahr, die aus dem nahen Urwald kommen. Du hörst, daß er ganz lebendig ist. Es knistert, ruft, zwitschert und schreit. Und je genauer du hinhörst, desto vielfältiger werden die Laute. Jetzt setzt du dich neben Jan auf den Bootsrand und beobachtest, wie Paco sorgfältig und ruhig das Boot in der Mitte des Flusses hält und ganz konzentriert auf die Untiefen achtet.

Als ihr in Manjo einen Steuermann für euer Boot suchtet, hat euch ein alter Bootsvermieter gewarnt. „Fahrt nicht mit Paco. Er ist mit dem Teufel im Bunde. Wo er ist, passieren seltsame Dinge." Aber dir ist wichtig, daß Paco gute Arbeit leistet, obwohl auch du manchmal denkst, daß etwas Geheimnisvolles an ihm haftet. Du weißt nur soviel über ihn: Er ist bei einem kleinen Indiostamm nahe der peruanischen Grenze aufgewachsen. Eines Tages packte ihn die Abenteuerlust. Er baute sich einen Einbaum und fuhr viele Monate flußabwärts. So kam er eines Tages nach Manjo, einer großen Siedlung in der Ebene. Hier blieb er und verdient sich sein Brot, indem er mit den wenigen Reisenden, die sich hierher verirrten, Floßfahrten in die geheimnisvollen Nebenflüsse des Amazonas macht.

Allmählich rücken die Ufer dichter zusammen. Mitten im Wasser tauchen kleine Felsen auf, und die gelbe Brühe klart sich immer mehr auf. Die Stromschnellen sind nicht mehr weit. Du spürst, wie die Spannung kleine Funken durch deinen Körper schickt. All deine Muskeln sind angespannt. Du weißt, es kann jeden Augenblick losgehen. Plötzlich wird die Strömung stärker. Sie packt euer Boot und reißt es mit sich. Da, ein spitzer Felsblock – genau vor euch! Das Boot wird zerschellen! Du starrst entsetzt auf den Steinbrocken. Regungslos stehst du da, wie gelähmt. Dein Atem stockt. Die Angst sitzt dir im Nacken. „So tu doch was", denkst du verzweifelt. Sofort ist Paco zur Stelle. Geschickt stemmt er kraftvoll ein dickes Ruder gegen den Felsen, und das Boot dreht ab. Doch sogleich wird es wieder hin und her geworfen. Es legt sich quer. Die Strömung reißt es mit sich und schleudert es in Richtung der kantigen Felsen. Du stehst noch immer bewegungslos, wie gelähmt da und starrst auf die Felsen. Du mußt etwas tun, das Boot braucht Hilfe. Du brauchst einen klaren Verstand und einen Körper, der deinen Anweisungen gehorcht.

Also: auf den Atem achten und ruhig zupacken! Du atmest tief ein und wirst ruhig. Deine Muskeln werden locker. Du bist voll konzentriert und sammelst alle Kraft in den Armen. Mit dieser Kraft stemmst du das dicke Ruder gegen die Felsen. Das hochspritzende Wasser wäscht dir den Schweiß von der Stirn und kühlt deinen erhitzten Körper. Auch deine Freunde helfen mit. Der Fluß macht eine Biegung und wird breiter. Die Strömung wird schwächer. Du atmest auf. Das wäre geschafft!

Doch die Gefahr ist noch nicht vorüber. Du hörst ein Rauschen. Es wird lauter und übertönt schließlich den Motor. Ein Wasserfall, das kann nur ein Wasserfall sein! Wieder packt dich die Angst. Du wagst kaum zu atmen, dein Herz pocht laut. Dein ganzer Körper ist angespannt. Du spürst einzelne Muskeln, die zum Zerreißen gespannt sind. Jetzt wird die Strömung stärker, viel stärker als zuvor. Sie reißt das Boot mit sich. Paco dreht den Motor voll auf, doch das Boot hat nicht die Kraft, aus dem Sog herauszukommen. Panik erfaßt dich. Du bist starr vor Angst. Alles dreht sich. Du kannst keinen klaren Gedanken mehr fassen.

„Nur Mut", denkst du, *„ruhig und klar denken!"* Du atmest ruhig und gleichmäßig ein und aus. Bei jedem Ausatmen wird dein Kopf klarer, und du hast die rettende Idee: „Auf Grund setzen", rufst du, „das Boot auf Grund setzen!" Paco folgt deiner Anweisung. Das Boot bekommt Grundberührung und schlägt sofort leck. Wasser dringt ein. Die Fahrt wird langsamer. Mit Hilfe der Ruder schafft ihr es, das Boot an den Felsen abzublocken. Da, es legt sich quer, bleibt an einem großen Felsbrocken hängen. Das ist eure Chance! Hastig packt ihr alles Lebensnotwendige zusammen, springt über

Bord und rettet euch ans Ufer. Da, das Boot! Es löst sich vom Felsen. Die Strömung packt es. Es schießt auf den Wasserfall zu und stürzt hinunter.

Ganz erschöpft und erleichtert liegt ihr am Ufer. Du liegst auf dem Rücken, die Arme sind vom Körper weggestreckt. Sie liegen entspannt am Boden. Deine Augen sind geschlossen. Du atmest ruhig und gleichmäßig. Alle Muskeln sind schwer und warm. Du bist ganz ruhig. Du genießt die Ruhe und läßt deine Gedanken kommen und gehen, wie sie wollen.

Du hörst auf zu dösen, als du Max herumfluchen hörst. Er hat sich in seiner Hängematte verheddert und ist herausgefallen. Er braucht wohl einen Lehrgang für die Benutzung von Hängematten. Du reckst und streckst dich nach allen Seiten, atmest tief ein und aus und öffnest die Augen.

Du hörst den in die Tiefe donnernden Wasserfall, blickst dich um und siehst, daß sich alle deine Freunde von den Anstrengungen gut erholt haben. Ihr haltet nach einer geeigneten Lagerstelle Ausschau und macht ein Feuer, um eure Kleider zu trocknen. Ihr redet darüber, wie es weitergehen soll ohne Boot. Und es gibt nur eine Möglichkeit: Ihr müßt zu Fuß weiter, hinein in das Dickicht des immergrünen Regenwaldes, unter dessen Blätterdach die Hitze brütet. Du willst dich mit Paco beraten. „Paco! Wo ist er?" Keine Antwort. Er hat Feuer gemacht, aber danach hat keiner von euch ihn mehr gesehen. Er ist spurlos verschwunden, einfach abgehauen.

Ihr seid müde und erschöpft, denn die Stromschnellen haben euch eine ganze Menge Kraft gekostet. Du legst dich in deine Hängematte, die sanft hin- und herschaukelt, und beginnst zu träumen. Du bist im Urwald, die Nacht ist hell, aus der Ferne ertönt eine sanfte, sehnsuchtsvolle Flötenweise. Es ist, als wolle sie dir etwas erzählen. Aber du kannst es nicht verstehen. Du träumst vor dich hin, deine Augen sind geschlossen. Du atmest gleichmäßig ein und aus.

Dritte Folge: Im Sumpf

Dicker Frühnebel ist über dem Fluß, als du am Morgen aufwachst. Die Rufe der Wasservögel klingen gespenstisch zu dieser frühen Stunde. In den von Nebelschwaden umhüllten Luftwurzeln und Lianen glaubst du die Umrisse von Geistern und Dämonen zu erkennen. Dich fröstelt. Du brauchst dringend Bewegung, um warm zu werden. Du gehst hinunter zum Seitenarm des Flusses.

Da rutschst du auf der glitschigen, steinigen Uferböschung aus und fällst ins Wasser. Fast gleichzeitig hörst du, nicht weit entfernt, ebenfalls etwas ins Wasser planschen. „Verdammt, das kann doch nur ein Alligator sein." Du fühlst, daß er näherkommt. Du kannst in dieser Milchsuppe nichts erkennen. Nichts wie weg von hier. Bei dem Versuch, die Böschung hochzuklettern, rutschst du immer wieder ins Wasser zurück. „Wenn doch bloß dieser teuflische Nebel nicht wäre." Deine Angst nimmt zu, das merkst du daran, daß dein Herz immer lauter klopft. Ein dicker Kloß schnürt dir die Kehle zu. Du schaffst es nicht, deine Freunde um Hilfe zu rufen. Deine Bewegungen werden immer hektischer und unkontrollierter. Voller Panik greifst du nach allem, was dir in die Hände kommt, und versuchst, dich daran hochzuziehen. Doch immer wieder glitschst du die lehmige Böschung hinunter. Du vergeudest deine Kräfte. Die Gefahr kommt mit jeder Sekunde näher.

„*Stopp die Aufregung!*" denkst du, „*sieh erst mal richtig hin!*" Sofort hast du dich wieder in der Gewalt. Der Kloß in deiner Kehle ist verschwunden. Du konzentrierst dich auf die näher kommenden Geräusche des Alligators. Entschlossen machst du drei kräftige Schwimmstöße in die entgegengesetzte Richtung, schnappst dir eine über das Wasser hängende Liane und ziehst dich mit aller Kraft nach oben.

An einem dicken Ast klammerst du dich fest und ruhst dich aus. Kurze Zeit später löst sich der Nebel schlagartig auf, und die Sonne brennt vom Himmel herab. Du blickst dich um und entdeckst auf einer kleinen Sandbank nicht weit von dir drei fette Alligatoren, die mit halb geöffneten Mäulern im Schlamm liegen. „Denen habe ich das Frühstück aber ordentlich verpatzt", denkst du, kletterst vom Baum herunter und gehst zurück zu den anderen.

Ihr beschließt aufzubrechen und so lange wie möglich am Fluß entlangzugehen. Das Grün um euch herum wird immer dichter. Farne, Kautschukbäume, kleine Palmen, Mangrovenwurzeln, Lianen und verkrüppelte Bananenstauden stellen sich euch in den Weg. Mit der messerscharfen Machete bahnt ihr euch einen schmalen Pfad durch das Dickicht. Der Schweiß rinnt dir aus allen Poren, dein Gepäck drückt zentnerschwer auf deinen Schultern. Doch ihr müßt weiter! In dieser moskitoverseuchten Flußgegend könnt ihr nicht bleiben. Der Boden unter euren Füßen wird zunehmend weicher. Fauliger Morastgeruch breitet sich aus. Immer öfter bleibt ihr im Schlamm stecken und stolpert über die weit aus der Erde herausragenden Wurzeln. Plötzlich geht es nicht mehr weiter. Ihr steckt mitten in einem Sumpfgebiet. Ihr müßt eine andere Richtung einschlagen. Über die aus dem Boden herausragenden Mangrovenwurzeln könnt ihr es schaffen, aus dem Sumpf herauszukommen. Da, du rutschst ab. Du versuchst, deine Beine aus dem Sumpf herauszuziehen. Doch du sackst immer tiefer ein. Bis zur Hüfte steckst du nun schon drin, und du sinkst noch tiefer. Du ringst nach Luft. Deine Arme sind weit ausgestreckt. Die Hände umkrallen krampfhaft eine dicke Wurzel. Du merkst, daß du unwillkürlich den Atem angehalten hast.

Die Formel: *Erst mal ruhig atmen, dann um Hilfe rufen!* Schon wird dein Atem gleichmäßig. Du denkst wieder klar. „Bloß nicht bewegen. Denn jede Bewegung läßt mich tiefer einsinken", denkst du. „Mira!" brüllst du. „Hilfe! Ich komme nicht allein aus dem Schlamm raus!" Sofort ist sie da. Vorsichtig und geschickt nähert sie sich dem Sumpfloch, wirft dir ihr Lasso zu und zieht dich raus. Erschöpft und erleichtert laßt ihr euch auf den sicheren Boden sinken und ruht euch erst mal aus.

Später zieht ihr eure nassen und schlammbeschmierten Kleider aus und schaut zurück zum Fluß. Aus dem vom Wind leicht hin- und herwogenden Schilf dringt das dumpfe Quaken aufgeschreckter Sumpffrösche. Die in üppiger Fülle am Ufer wachsenden Farnwedel schwingen hin und her, und die in allen Farben leuchtenden Orchideen locken Kolibris an und schicken ihren süßen, schweren Duft in die schwüle Mittagshitze. Du beobachtest das aufgeregte Hin und Her der dicken Waldameisen, und zum ersten Mal fallen dir die fetten, schwarzblauen Käfer auf, die behäbig die feuchten Baumstämme rauf- und runterklettern. Du schichtest ein paar Palmbüschel übereinander und legst dich darauf. So schaust du in die dunklen Baumkronen über dir. Die Büsche und Bäume sind von Lianen umrankt. Große, bunte Urwaldblüten machen das Grün lebendig. Sonnenstrahlen zaubern Regenbogenfarben rings um dich her. Ruhig und zufrieden siehst du den dich umgebenden Urwald an. Dein Atem geht ruhig und entspannt, hin und her. Du spürst, der ganze Körper ist angenehm schwer und warm. Deine Augen sind geschlossen, dein Atem geht gleichmäßig hin und her.

Vierte Folge: Die Dämonen kommen

Ihr seid wieder unterwegs. Unter größten Anstrengungen habt ihr euch eine gewaltige Strecke durch den Urwald geschlagen. Das Grün ringsumher wird immer dichter. Große und kleine bunte Vögel sitzen wie Farbtupfer im Geäst und geben die vielfältigsten Pfeiflaute von sich. Ab und an mischt sich ein schimpfendes Papageiengekreische in das Pfeifkonzert. Die Wolläffchen schwingen sich von Liane zu Liane und folgen euch mit neugierigen Blicken. Unter deinen Füßen knackt das Unterholz.

Plötzlich entdeckst du frische Abdrücke enorm großer Raubtiertatzen auf dem morastigen Boden. Wie gebannt bleibst du stehen. Du lauschst nach allen Seiten und suchst aufmerksam die Umgebung ab. Du fühlst dich beobachtet. Da, zwischen dem Geäst eines Urwaldriesen ist ein dunkler Schatten. Zwei funkelnde Augen starren zu dir herüber. Du möchtest weglaufen. Doch deine Beine gehorchen dir nicht mehr. Dein Puls rast, und die Angst sitzt dir im Nacken.

Du weißt, du mußt dich selbst beruhigen: *Die Gefahr ansehen, nachdenken, eine Lösung suchen!* Du atmest ruhig. Du schaust dir den Schatten genau an: Das ist ein Jaguar. Er steht auf einem dicken Ast und blickt lauernd zu dir herüber. Du weißt, daß nur hungrige Jaguare Menschen anfallen. Doch woher sollst du wissen, ob dieser Bursche satt ist? Du gibst keinen Laut von dir. Du bleibst regungslos stehen, siehst das Tier geradewegs an und wartest, was passiert. Da, der Jaguar ist irritiert. Er dreht sich um und schleicht in die andere Richtung davon. Das hast du gut gemacht. Du hast dich genau richtig verhalten.

Ihr setzt euren mühevollen Weg durch das grüne Blättergestrüpp in die Tiefen des Urwaldes fort. Kraftvoll durchschlägst du mit der Machete alles, was dir den Weg versperrt. Verschreckte Tiere springen weg oder fliegen auf und davon. Du fährst zusammen, als plötzlich ein Tapir hinter einem Busch auftaucht und hastig in die entgegengesetzte Richtung flüchtet. Du fühlst deine Erschöpfung und überredest die anderen, eine kurze Rast einzulegen. Da ihr kaum noch Nahrung habt, fängt Mira eine Art Urwaldhasen und grillt ihn über einem kleinen Feuer. Du verspeist genußvoll einen knusprigen Schenkel und bist ganz in Gedanken versunken.

Da, ein lauter Schrei ertönt. Ihr horcht erschreckt auf. Da ist er wieder, ganz in eurer Nähe. Angriffsbereit springst du auf und ergreifst die Machete. Du blickst dich erregt um. Die Schreie kommen näher. Geister und Dämonen kommen, schießt es durch deinen Kopf. Sie wollen sich rächen. Sie werden euch vernichten, weil ihr in ihren Dschungel eingedrungen seid. Ängstlich schaust du in die Richtung, aus der die Schreie kommen. Gleich werden sie euch holen!

Stopp: Ruhig werden, nur Mut, genau hinsehen! Die Angst verfliegt. Aufmerksam schaust du in die Richtung, aus der die Schreie kommen. Da entdeckst du kleine, sich bewegende Schatten in den Bäumen. Sie schwanken hin und her. Sie kommen näher, die Schreie werden lauter. Jetzt sind sie über dir, hoch oben im Geäst eines alten, mächtigen Urwaldriesen. Du läßt dich rückwärts in das Gras fallen, und dein schallendes Gelächter mischt sich mit den lauten Schreien. Du hattest doch tatsächlich Angst vor einer durch den Urwald ziehenden Affenhorde. Du beobachtest sie belustigt und aufmerksam, bis sie in der Ferne verschwinden.

Dann setzt auch ihr euren Weg durch den Dschungel fort. Du bist froh, als die purpurrote Abenddämmerung hereinbricht und das tiefe Blau des Tages vertreibt. Dein rechter Arm, der euch ständig mit der Machete den Weg freihaut, hat dringend eine Ruhepause nötig. Nach dem Essen bindest du deine Hängematte an zwei Bäumen fest und legst dich hinein.

Lustig zwitschern Vögel, und laut schreiende Papageien wecken dich am frühen Morgen auf. Die ersten Sonnenstrahlen fallen auf die noch vor Nässe glänzenden Zweige. Ein leichter Wind streift die Blätter, und es entsteht ein liebliches Spiel von Wind und Schatten. Du beobachtest die fast handtellergroßen grellgelben Schmetterlinge, wie sie lustig hintereinander herjagen, und die Kolibris, wie sie ihre langen Rüssel in die Blüten tauchen und Nektar trinken. Dein ganzer Körper ist angenehm schwer und warm. Du liegst ganz entspannt, schließt die Augen, atmest gleichmäßig ein und aus.

Fünfte Folge: Die grüne Hölle

Wieder schickt die hochstehende Mittagssonne ihre sengenden Strahlen durch das Gestrüpp. Ihr seid erschöpft. Es ist höchste Zeit für eine Rast. Da, war das nicht was? Da, schon wieder. Hinter den dichten Büschen da vorn. Du bist etwas nervös und blickst dich suchend um, doch du kannst nichts Aufregendes entdecken. Du wirfst deinen Gepäcksack auf die Erde und legst dich daneben. Du verschränkst die Arme hinter dem Kopf, streckst deine Beine aus und schließt die Augen. Endlich kannst du dich ausruhen. Dir fallen allerlei Dinge ein. Deine Gedanken kommen und gehen, kommen und gehen.

Plötzlich denkst du an Paco. Du kannst nicht verstehen, daß er weggegangen ist, ohne ein Wort davon zu sagen. Oder sollte ihm doch etwas passiert sein? Immer wieder mußt du daran denken, daß er dich gewarnt hat, in das Land hinter den Stromschnellen vorzustoßen, da es von bösen Geistern und Dämonen beherrscht sei. „Es ist auch das Land der tausend Seelen", sagte er. „Und keinem Fremden ist es erlaubt, sie zu stören." Und er erzählte dir, daß viele Dschungel-Indios an die Existenz von Buschseelen glaubten, die getrennt von ihren Körpern im Wald lebten. Diese Seele kann die Gestalt einer Schlange, eines Vogels, eines Jaguars oder sonst eines Dschungeltieres annehmen. Es gibt Stämme, die junge Männer in hellen Mondnächten in den Dschungel schicken, damit diese sich mit ihrer Tierseele vereinen. Zumeist aber bleibt die Buschseele im Hintergrund und beschützt die Indios vor Gefahren. Jetzt fällt dir ein, daß Paco immer einen kleinen geschnitzten Jaguar am Hals trug. Ob er wohl auch an eine Buschseele glaubt? Ob sie ein Jaguar ist?

Die Gedanken an Paco machen dich unruhig. Du willst aufbrechen und treibst die anderen zur Eile an. Doch ihr kommt nur langsam weiter, da es unheimlich schwül ist. Durch die dichten Baumkronen hindurch seht ihr in der Ferne die ersten dunklen Gewitterwolken auf euch zukommen. Es dauert nicht lange, da poltert der erste grollende Donnerschlag über euch hinweg, und dicke Regentropfen fallen. Im nächsten Moment gießt es, als würde alles Wasser der Erde auf einmal über euch ausgeschüttet. Die ohrenbetäubenden Donnerschläge lassen das Leben ringsumher verstummen. Ihr würdet euch am liebsten in einer Höhle verkriechen. Grelle Blitze zucken auf. Sie kommen aus allen Richtungen. Es werden immer mehr. Der Himmel ist hell erleuchtet. Die Hölle kann nicht schlimmer sein. Da, ein großer, greller Blitz gerade über dir. Du zuckst zusammen, ziehst deine Arme vor die Augen und duckst dich. Ein gewaltiger Schreck ist dir in die Glieder gefahren. Du atmest schwer und stockend. Dein Puls geht hastig, und du kneifst fest die Augen zu.

Du denkst an eure Trainingsformel. Schon verringert sich

die Angst. Du richtest dich auf und kannst die Blitze ansehen. „Ein Gewitter, nur ein bißchen stärker als zu Hause", denkst du. Und du bist ruhig. Wie das donnert und blitzt! Du kannst es geschehen lassen und fürchtest dich nicht mehr. Ruhig schaust du dich um. Da siehst du Mira und Jan. Sie haben sich eine Plane übergehängt, damit sie nicht naß werden. Du schlüpfst auch unter die Plane und wartest ab. Irgendwann muß das Gewitter ja wieder aufhören.

Bald darauf endet das Unwetter genauso schnell, wie es begonnen hat. Mira macht eine Entdeckung. Im aufgeweichten Boden hat sie die Fußspuren einer großen Raubkatze entdeckt, die geradewegs in einen kleinen Trampelpfad münden. Wodurch auch immer dieser kleine Pfad entstanden sein mag, wer immer ihn jetzt auch benutzt, für euch ist klar: Ihr werdet auf ihm weitergehen, wohin er auch führt. Der Pfad wird breiter. Du holst zu ein paar kräftigen Schlägen mit der Machete aus und da, plötzlich öffnet sich der Wald. Ihr steht am Rand einer kleinen Lichtung. Verschreckt springen kleine Affen in das Geäst der Bäume und stimmen ein aufgeregtes Palaver an. Ihr könntet Purzelbäume schlagen vor Freude. Mira läßt ihr Gepäck fallen und tollt ausgelassen herum. „Kommt alle her", ruft sie laut. „Hier gibt es Wasser". Eine kleine Lagune mitten im Urwald. Du läßt dich mitsamt deinen Kleidern ins Wasser fallen und schwimmst auf eine weit in das Wasser ragende dicke Mangrovenwurzel zu. Du hältst dich an ihr fest und genießt die wohltuende Frische des klaren Wassers.

Plötzlich steigt ein ungutes Gefühl in dir auf. Dein Blick bleibt immer wieder an der gleichen Stelle des gegenüberliegenden Ufers haften. Irgendwie fühlst du dich beobachtet. Doch so angestrengt du auch hinüberschaust, du kannst nichts entdecken. Die anderen können dich beruhigen. Doch du glaubst nicht recht daran, daß dich die aufsteigende Hitze getäuscht haben soll. Während du ins Gestrüpp läufst, um Holz für euer Lagerfeuer zu holen, schaust du noch einige Male mißtrauisch zum anderen Ufer hinüber. Ein plötzlich auffliegender Papagei jagt dir einen Schreck ein.

„*Ruhig bleiben und genau hinsehen!*" sagst du dir, während du tief durchatmest. Hinter dir knackendes Geäst läßt dich herumfahren. Du stehst regungslos da und blickst angespannt in die Richtung, aus der das Knacken kam. Da, wieder knackt es. Diesmal kommt es aus einer anderen Richtung. Und wieder ist nichts zu sehen. Doch sobald du dich bückst, um Holz aufzusammeln, wiederholt sich das Geräusch. Du spürst, wie sich dein Magen zusammenzieht. Dir ist unheimlich zumute. Und was es auch sein mag: Es kommt immer näher. *Die Formel anwenden!* Du atmest tief bis in den Bauch und wieder aus. Du spürst die zunehmende Wärme im Bauch. Dein Magen entkrampft sich, die Wärme breitet sich im ganzen Körper aus. Du bist wieder klar. Langsam richtest du dich auf und blickst voll konzentriert in das dich umgebende Dickicht. Deine Augen tasten es Stück für Stück ab. Du bist sicher, deine Augen können alles sehen, deine Ohren alles hören. Du bist voll da, hellwach. Alles ist ruhig, nichts Gefährliches ist da.

Du gehst zu den anderen zurück, legst dich in das weiche, warme Gras der Uferböschung und spürst angenehm die letzten wärmenden Sonnenstrahlen auf deiner Haut. Es ist schön, den farbenprächtigen Schmetterlingen zuzusehen, die einen schnellen Zickzack-Reigen um die am Ufer wachsenden rosaroten Orchideen tanzen. Du beobachtest die kleinen schwarzen Wolläffchen. Sie springen und klettern flink in den Ästen herum. Einige schaukeln an ihren langen Schwänzen baumelnd aufgeregt hin und her. Ein ganz junges Äffchen schreit laut und hält sich die Hände vor die Augen. Es sieht beinahe so aus, als hätte es Angst vor dir. Zum ersten Mal erlebst du den Farbenzauber, den die im Westen tiefstehende Sonne auslöst. Das intensive Blau des Himmels färbt sich lilaorange, und wenig später erscheinen die vielfältigen Rottöne. Es ist, als ob der Himmel brennt. Die rotglühende Sonne taucht langsam unter und macht dem Mond Platz. Bald wird es Vollmond sein. Mira holt ihre Mundharmonika heraus und spielt schöne, sanfte Melodien. Du lehnst dich zurück im Gras und spürst noch die Wärme im Bauch. Von deiner Körpermitte strahlt Wärme aus in deinen ganzen Körper. Du liegst ganz ruhig, ganz entspannt.

Sechste Folge: Die Begegnung

Als sich am frühen Morgen die ersten Sonnenstrahlen ihren Weg durch die Blüten und Blätter bahnen, ist es still um euch herum. Kein munteres Gezwitscher stört euren Schlaf, kein aufgeregter Papagei krächzt euch seinen Morgengruß ins Ohr. Da ihr noch schlaft, seht ihr auch nicht, daß die Affen ängstlich in eine bestimmte Richtung blicken. Etwas Ungewöhnliches, das sich im Busch verborgen hält, kommt näher. Es schleicht sich langsam an euch heran.

Etwa zwanzig kaum bekleidete, am ganzen Körper bemalte Indios kommen immer näher. Sie sehen sehr gefährlich aus. Einige haben ihre Speere auf euch gerichtet, andere halten Blasrohre nahe am Mund. Die Stille weckt dich auf. Als du die Augen aufschlägst, stößt du einen Schrei aus. Du reißt die Augen weit auf und hältst vor Schreck den Atem an. Dir fallen alle gefährlichen Geschichten ein: Indianer auf dem Kriegspfad, tödliche Curare-Pfeile, Kannibalen, Marterpfahl. Was haben die mit euch vor? Werdet ihr hier je lebend wieder herauskommen?

Während du deine Angst spürst, fällt dir schon die E-Formel ein: *Weiter atmen, Mut fassen, genau hinsehen!* Du atmest tief bis in den Bauch ein und aus, ruhig und gleichmäßig. Du spürst, wie sich dein ganzer Körper entspannt. Jetzt kannst du dir die Indios genauer ansehen. Eigentlich sehen sie gar nicht so gefährlich aus. Ihre Körperhaltung ist eher zurückhaltend und paßt nicht zu der bedrohlich wirkenden Bemalung.

Du denkst, du kannst es wagen, aufzustehen. Sogleich kommen die Indios näher. Sie umzingeln euch. Sie signalisieren euch mit ernsten Gesichtern, ihnen zu folgen und führen euch zur Lagune. Ein großes Floß liegt am Ufer. Ihr besteigt es. Nach einigen kräftigen Stößen ist das andere Ufer erreicht. Kaum daß ihr durch dichtes Bambusrohr und niedriges Ge-

strüpp gelaufen seid, tauchen vor euren Augen kleine, schilf-
bedeckte Rundhütten auf. Jetzt erinnerst du dich auch wieder
an das Gefühl, daß du beim Baden hattest. Klar, du wurdest
beobachtet. Ihr alle wurdet beobachtet, die ganze Zeit über,
seit ihr auf der Lichtung seid. Vor einer kleinen Hütte bleiben
die Männer plötzlich stehen. Sie geben euch zu verstehen, daß
ihr euch auf den Boden setzen sollt. Einige bilden mit ihren
Speeren bewaffnet einen Halbkreis um euch herum. Sie be-
wachen euch. Ihr seid ihre Gefangenen. Werden sie euch umbringen?

„Jetzt bloß die Nerven behalten", schießt es durch deinen
Kopf, *„ruhig atmen!"* Gleich geht es dir viel besser. Du siehst
dir den neben dir stehenden jungen Indio an, der über und
über mit roter Farbe bemalt ist. Er ist mittelgroß und nur mit
einem Lederlendenschurz bekleidet. Seine tiefschwarzen
Haare hängen in Wellen über seine Schultern. Die Lippen sind
mit weißen Punkten bemalt. Seine dunklen Augen blicken
dich ernst an. Jetzt kommt ein enorm großer, mit einem bunten Federmantel bekleideter älterer Indio auf dich zu. Das
muß der Häuptling sein. Du spürst, wie sich die Angst in dir
ausbreitet. Jetzt wird sich euer weiteres Leben entscheiden.
Du wagst es kaum zu atmen. Deine Augen verfolgen ganz gespannt jeden Schritt des Häuptlings. Je näher er kommt, desto
mehr spannen sich deine Muskeln an. Du schwitzt und
spürst, wie sich deine Kehle wie von einem unsichtbaren
Band gezogen mehr und mehr zusammenschnürt.

Aber du weißt ja: *tief durchatmen, ruhig bleiben, abwarten!*
Sofort spürst du im Bauch ein angenehmes Gefühl von Wärme.
Sie strahlt in alle Richtungen aus. Der Kloß im Hals verschwindet. Dein Kopf ist klar. Du siehst dem Stammesober-
haupt ruhig in die Augen. Auch er blickt dir in die Augen. Du
bist ganz ruhig. Dann verbeugt er sich und setzt sich dir
gegenüber auf die Erde. Dies ist kein Zeichen von Bedrohung,
denkst du. Dies ist ein Zeichen von Respekt. Lange sitzt ihr
euch stumm gegenüber und schaut euch in die Augen.

Als der Abend hereinbricht, entfernen sich die Indios und
lassen euch allein. Als der Vollmond strahlend hell am Him-

mel steht, ertönt rhythmisches Trommeln. Aus der Ferne er-
klingt eine sanfte, sehnsuchtsvolle Flötenweise. Es ist, als
wolle sie dir etwas erzählen, aber du kannst es nicht verstehen. Plötzlich wird es ganz lebendig bei den Hütten. Alle
Männer haben sich bunt bemalt. Sie fassen sich an den Schultern an, bilden einen Kreis, bewegen sich ruckartig zum Takt
der Trommeln. Als der Mond senkrecht über euch steht, wird
das Stampfen der Tanzenden und das Trommeln immer lauter und wilder. Da tritt plötzlich ein junger Indio in die Mitte
des Kreises. Er ist bunt bemalt und mit Orchideen ge-
schmückt. Zu ihm in den Kreis treten zwei mit farbenprächtigen Federn bekleidete Indios. Sie legen dem jungen Mann einen Mantel aus Jaguarfell über die Schultern und malen ihm
schwarze Punkte auf die Brust. Da fällt dir ein, was Paco dir
erzählt hat, daß sich zur Zeit des Vollmondes junge Dschungel-Indios in den Busch begeben, um dort ihre Dschungelseele
zu finden. Um Mitternacht erreicht das Fest seinen Höhepunkt. Das ganze Dorf scheint von dem Stampfen der Tänzer
und den Trommeln zu beben. Der mit dem Jaguarfell bekleidete Indio unterbricht plötzlich seinen wilden Tanz, wendet
sich kurz in deine Richtung und blickt dich ernst an. Der
helle Mondstrahl fällt ihm voll ins Gesicht. Dir stockt der
Atem. Du bist entsetzt. „Paco, Paco!" schreist du mit beben-
der Stimme. Doch der so Angesprochene reagiert nicht. Er
wendet sich dem Dschungel zu und schreitet erhobenen
Hauptes in die Tiefen des Urwaldes.

„Wir müssen ihn retten", rufst du entsetzt deinen Freunden
zu. „Er ist verloren, wenn er in der Nacht allein in den
Dschungel geht!" Hastig springst du auf, dein Herz pocht laut.
Du hast Mühe, dem jungen Mann zu folgen, denn er bewegt
sich flink und fast lautlos durch das Dickicht. Du denkst,
wenn es Paco wäre, hätte er doch reagieren müssen. Du hast
ihn doch laut und deutlich beim Namen gerufen. Bald hast du
die Spur verloren.

Du beruhigst dich und überlegst mit deinen Freunden, ob es
nicht besser wäre für alle, wenn ihr zurückgehen würdet. Ihr
seid euch darüber einig, daß ihr kein Recht habt, in die Sitten

und Gebräuche der hier lebenden Menschen einzugreifen. Ihr wißt zuwenig über sie und ihr Leben, als daß ihr euch ein Urteil über ihr Verhalten erlauben könntet. Ihr beschließt, nicht mehr zu den Hütten zurückzukehren.

Mit dem Floß setzt ihr über die Lagune und übernachtet auf der Lichtung. Du kannst nicht schlafen. Nach dieser Nacht werdet ihr mit dem Funkgerät Kontakt mit dem Helikopter aufnehmen, und er wird euch hier herausholen.

Die Urwaldtrommeln sind ganz nah. Paco geht dir nicht aus dem Kopf. Du siehst den Mond. Auf dem Wasser spiegelt sich silbern der Mondstrahl. Kleine Wellen bewegen sich sanft hin und her. Dunkle Wolken ziehen am Nachthimmel entlang. Du schaust dir einige genauer an, und du kannst die unterschiedlichsten Dinge in ihnen erkennen. Dein Körper ist schwer und warm. Von der Körpermitte aus strahlt die Wärme in den ganzen Körper. Du liegst ganz ruhig und träumst einen phantastischen Traum.

Alltagsgeschichten

Die folgenden Geschichten sind für zurückhaltende Kinder geschrieben, die auf überfordernde, d. h. unberechenbare oder bedrohliche Situationen eher mit *Ängstlichkeit* und Rückzug reagieren. Sie neigen dazu, diesen innerlich oder äußerlich aus dem Wege zu gehen oder sich gewissermaßen tot zu stellen. Diese Reaktionen geben ihnen kurzfristig Sicherheit, auf lange Sicht führen sie aber zum Teufelskreis, der schon auf Seite 16 beschrieben wurde.

Dazu ein Beispiel: *Martina ist neun Jahre alt und die jüngste in ihrer Klasse. Nach Aussage der Lehrerin ist sie von Anfang an schüchtern und zurückhaltend gewesen. Die Schüchternheit gibt sich aber nicht, sondern nimmt eher zu. Sie meldet sich überhaupt nicht mehr. Wenn sie sie direkt fragt, antwortet Martina nur einsilbig, leise und etwas fahrig. Zunächst war das nur im gesamten Klassenverband; nun aber auch in kleineren Gruppen und in allen Fächern. Es wirkt sich auch auf ihre schriftlichen Leistungen aus: Martina wird besonders im Deutschunterricht schwächer. Die Lehrerin spricht mit der Mutter, die aus allen Wolken fällt, weil Martina zu Hause ganz normal ist. Im Gespräch mit Martina erfährt die Mutter, daß es ihr „irgendwie unangenehm" sei, etwas vor allen zu sagen. Auf näheres Nachfragen meint Martina, daß es vielleicht falsch ist, was sie sagt, und behauptet steif und fest: „Ich kann eben nicht laut sprechen." Auf den Einwand der Mutter, daß sie ja zu Hause ziemlich laut sei, erwidert Martina: „Das ist ganz was anderes! In der Schule ist es viel schwieriger."*

Hier handelt es sich um die zweite Variante des falschen Umganges mit Überforderungen, den ängstlichen Rückzug.

Je mehr ein Kind sich in Situationen, die es als *überfordernd* erlebt, entmutigt fühlt und ängstlich zurückzieht, desto weniger lernt es, Situationen aktiv zu bewältigen, sondern erlebt sich als *passives Objekt* des Geschehens. Jede so erlebte Situation behindert die Entwicklung des *Selbstvertrauens*. Wichtigster Bestandteil des Selbstvertrauens ist das Gefühl, die alltäglichen Anforderungen *selbst* in den Griff zu bekommen. Ein geringes Selbstvertrauen wiederum führt dazu, daß auch vergleichsweise einfache Situationen vom Kind als überfordernd erlebt und von ihm gemieden werden; Martina vermeidet es, sich zu melden. Diese Tendenz zur Vermeidung führt dazu, daß das Kind keine altersgemäßen *Fähigkeiten* entwickelt, mit Alltagssituationen umzugehen. So wird Martina schwächer im Unterricht und macht mehr Fehler, die sie ja eigentlich vermeiden will.

Schließlich entwickelt das Kind ein *Selbstkonzept*, das die Tendenz hat, gegen Lernerfahrungen *immun* zu werden, d. h. es entwickelt ein Bild von sich selbst, das sich nur noch schwer ändert: Wenn das Kind erst einmal davon überzeugt ist, daß es bestimmte Anforderungen nicht bewältigen kann („Das kann ich ja doch nicht!"), fühlt es sich *bestätigt*, wenn es tatsächlich etwas nicht kann. Wenn es diese Anforderung aber erfolgreich bewältigt (Martina antwortet z. B. im Unterricht richtig oder spricht zu Hause laut und deutlich), dann stellt es sein Kann-ich-nicht-Selbstbild leider *nicht* in Frage, sondern behauptet, daß dies bloß Zufall oder eine ganz leichte Sache war.

Die Erlebnisse der Hauptpersonen der folgenden Geschichten laufen darauf hinaus, nach und nach ein solches Kann-ich-nicht-Selbstbild in Frage zu stellen und durch ein Das-schaffe-ich-schon-Konzept zu ersetzen. Die Hauptpersonen in den Geschichten führen ihre Erfolge dementsprechend auf sich selbst zurück.

Während die Abenteuergeschichten im vorderen Teil des Buches die aktiven Kinder durch außergewöhnliche Erlebnisse fesseln sollen, wird in den Geschichten bewußt auf abenteuerliche Handlungen verzichtet. Es werden ganz *all-*

tägliche Ereignisse geschildert, die den zurückhaltenden Kindern aus ihrem eigenen Erleben bekannt sind: Schüchternheit gegenüber fremden Kindern, Ängste vor autoritären Erwachsenen, Umgang mit eigenen Fehlern und Schuldgefühlen, Angst vor Bloßstellung und peinlichen Situationen in der Öffentlichkeit, eigene Wünsche offen benennen usw.

Zurückhaltende Kinder benötigen keine großartigen Abenteuergeschichten, um beim Zuhören „bei der Stange" zu bleiben. Sie brauchen eher Leidensgenossen. Sie erfahren durch die Geschichten, daß sie nicht allein vor oder in einer bestimmten Situation Angst haben. Denn die Hauptpersonen in den Geschichten sind ebenfalls Kinder, die Angst haben und dazu neigen, sich in Anforderungssituationen „sicherheitshalber" zurückzuhalten. Wir haben darum den Geschichten einfach die Namen der Hauptpersonen als Titel gegeben.

Lena

(Karin Dörner)

Erste Folge: Lena findet etwas

Lena kommt aus der Schule. Mit gesenktem Kopf trottet sie den Weg entlang, patscht ab und zu mal mit den Gummistiefeln in eine Pfütze. Sie ist traurig und mit ihren Gedanken weit weg. Lena lebt seit vier Wochen mit ihrer Mutter hier, in diesem neuen Stadtviertel. Ihre Eltern haben sich getrennt. Sie mußten ihre große Wohnung aufgeben, und Lena zog mit ihrer Mutter in eine kleinere Wohnung.

Lena wollte das alles nicht: Sie wollte nicht wegziehen. Sie wollte, daß ihre Eltern zusammenblieben. Sie wollte ihren Moritz nicht verlassen, den kleinen weißen Terrier. Nein, nichts von alldem hatte sie gewollt. Nun ist sie den ganzen Tag allein, weil ihre Mutter eine Stellung in einem Anwaltsbüro gefunden hat. Ihre Freundinnen sind weit weg, und dann muß sie über Mittag noch in einen Kinderhort zum Essen. Auch das will sie nicht. Sie will überhaupt nichts mehr müssen. Sie will, daß sich ihre Eltern wieder vertragen. Sie will ihren Moritz wiederhaben, und sie will in ihre alte Umgebung zurück. Die Erwachsenen sind so gemein. Und nun laufen ihr die dicken Tränen über die Wangen. „Nein", denkt sie, „ich habe keinen Bock, auf nichts." Wütend wischt sie die Tränen ab und zieht kräftig hoch. Und dann die neue Klasse! Alle gucken sie blöd an. In der Pause ist sie allein und steht verloren in einer Ecke. Sie traut sich nicht, jemanden anzusprechen.

Na ja, so ist das eben. Mit einem entschlossenen Schniefen reckt sie den Kopf in die Höhe. Halt, da hört sie doch etwas: ein Piepen oder eher ein Maunzen. Sie schaut sich suchend um. Das Gepiepe kommt aus einem Gebüsch. Was das wohl sein kann? Leise und vorsichtig schleicht sie sich an das Gebüsch heran. Da, etwas bewegt sich dort! Sie beugt sich langsam herunter, und dann sieht sie es. Ganz verborgen unter einem dornigen Zweig sitzt eine winzig kleine Katze, schwarz, mit weißem Lätzchen auf der Brust und piepst ganz leise, wie ein kleiner Vogel. Lena kniet sich hin und streckt ganz langsam ihre Hand aus, um die Kleine nicht zu erschrecken. Sie streichelt ganz sacht über das nasse, struppige Fell. Das Kätzchen läßt es sich gern gefallen.

Nach einer Weile fängt es sogar an zu schnurren und reibt sein Köpfchen an Lenas Hand. Lena fühlt sich ganz glücklich. Wie kann ein so kleines Tier bloß so laut schnurren! Sie nimmt das Tierchen hoch und drückt es an sich. Es ist wirklich so leicht wie ein Federbällchen und fühlt sich in Lenas Arm offensichtlich sehr wohl. Und dann leckt es sogar noch mit der winzigen rosa Zunge über Lenas Hand. Das ist ein seltsames, rauhes Gefühl. Lena muß lachen. Ist diese Katze süß!

Auf einmal ertönt eine Fahrradklingel, und als Lena sich umdreht, sieht sie einen Jungen auf einem Rennrad auf sich zurasen. Erschrocken hält Lena den Atem an. Kurz vor ihr bremst der Junge mit einem kühnen Schwung. Ach, das ist ja Thomas aus ihrer Klasse, einer der Jungen, die sie überhaupt nicht beachten und sich über alle Mädchen lustig machen. „Zeig mal", ruft Thomas, „was hast du denn da?" Lena wird rot. Schüchtern hält sie Thomas die Katze hin. „Die ist ja niedlich", sagt Thomas, „woher hast du sie?"

Lena ist verlegen, weiß gar nicht so recht, wohin sie blicken soll, und spürt, wie ihr Gesicht heiß ist. „Sie saß hier im Gebüsch", murmelt sie und räuspert sich. „Dann ist sie wohl ausgesetzt worden", meint Thomas, „gib sie mal her!" Er streckt seine Hände aus und nimmt die Katze etwas unsanft aus Lenas Arm. Die Katze miaut verängstigt. Lena spürt zugleich Ärger und Angst hochsteigen. „Die nehme ich mit nach Hause", sagt Thomas und versucht kurzerhand, das Kätzchen vorn unter seine Jacke zu stopfen. Die Katze zappelt und maunzt ganz laut. In diesem Augenblick erwacht in Lena der glühende Wunsch, die Katze selbst zu behalten. Nein, Thomas soll sie nicht mitnehmen, schließlich hat sie die Katze gefunden. Wenn sie sich doch bloß trauen würde, etwas zu sagen. Unschlüssig nagt sie an ihrer Unterlippe und schaut auf die Katze, die zappelt und sich gegen Thomas' unsanfte Behandlung wehrt. Die arme Kleine, sie weiß gar nicht, wie ihr geschieht. „Dummes Tier", sagt Thomas und packt sie fester.

Wie sagt ihre Mutter immer, was sie macht, wenn sie nicht weiter weiß? *Tief durchatmen, nachdenken und nur Mut!* Lena schließt kurz die Augen, atmet ganz tief durch. Dann nimmt sie all ihren Mut zusammen und sagt mit fester Stimme: „Gib mir die Katze zurück! Sie gehört mir, denn ich habe sie gefunden. *Ich* will sie mit nach Hause nehmen." Thomas guckt sie ganz verblüfft an. Damit hat er nicht gerechnet. „Na gut", sagt er mürrisch, „die ist sowieso echt zickig, typisch Mädchen."

Damit schwingt er sich auf sein Fahrrad, wirft Lena noch einen giftigen Blick zu und rast davon. Lena drückt das ängstliche kleine Bündel an sich, streichelt es und murmelt beruhigende Worte. Und während sie spürt, daß die Katze sich langsam beruhigt, vergeht auch ihre eigene Aufregung. Nach ein paar Minuten fängt die Katze an zu schnurren und kuschelt sich wohlig in Lena Arm zusammen. Lena drückt ihr Gesicht an das weiche Fell und fühlt sich wohl. Sie ist sehr stolz, daß sie ihre Schüchternheit überwunden und sich gegen Thomas durchgesetzt hat.

Nach einer Weile mischt sich jedoch in ihr Glücksgefühl ein leichtes Unbehagen. Wie soll sie es ihrer Mutter erklären? Sie arbeitet den ganzen Tag. Deshalb konnten sie doch auch Moritz nicht mitnehmen. Und da ist auch noch dieser mürrische Hausmeister, der das Halten von Tieren verboten hat! „Ach", Lena seufzt ganz mutlos. Ihre Gedanken drehen sich im Kreis. Sie merkt, daß sie ganz wirr im Kopf wird. „Nein, so hat das keinen Zweck", ermahnt sie sich in Gedanken. „Du mußt ruhig sein und einen Schritt nach dem anderen tun. Nur

so kriegst du etwas Vernünftiges zustande." Mit entschlossenen Schritten macht sie sich auf den Weg nach Hause. Heute
wird sie nicht zum Mittagessen in den Kinderhort gehen. Die
kleine Katze muß versorgt werden, und Lena will in aller Ruhe
überlegen, wie es ihr gelingen kann, die Katze zu behalten.

Zweite Folge: Lena zeigt Mut

Lena steht vor der Haustür und sucht nach dem Schlüssel. Ihr
ist ein wenig mulmig zumute. Hoffentlich sieht keiner der
Hausbewohner, daß sie eine Katze einschmuggeln will. Pech!
Da hört sie auch schon die Stimme von Frau Müller aus dem
dritten Stock hinter sich: „Na, Lena, was machst du denn hier
um die Mittagszeit? Solltest du nicht im Kindergarten sein?"
Neugierige Ziege, denkt Lena böse, was geht die das an? Sie
versteckt, so gut es geht, die Katze unter ihrer Jacke. Frau
Müller kommt näher und schaut ihr über die Schulter: „Was
hältst du denn da im Arm versteckt?" Die Katze bewegt sich
und steckt ihr kleines, kohlrabenschwarzes Gesicht vorwitzig
unter der Jacke hervor. Lena erschrickt. „Zeig mal", sagt Frau
Müller, „ist die aber süß. Woher hast du sie denn?" Lena weiß
nicht, was sie sagen soll. Glühende Röte schießt ihr in das Gesicht. Ihr Kopf ist vor Aufregung ganz leer, ihr fällt überhaupt
nichts Vernünftiges ein. Bange blickt sie auf und traut sich gar
nicht, Frau Müller anzusehen. Deshalb merkt sie nicht, daß
diese ganz freundlich lächelt. Aber Lena denkt: „*Erst mal Luft
holen und dann raus mit der Sprache!*" Sie schluckt ein paarmal vor Aufregung, dann atmet sie tief durch und fängt an, zu
erzählen. Frau Müller hört ihr aufmerksam zu, und am Ende
sagt sie: „Das hast du richtig gemacht. Es ist unrecht, so ein
Kätzchen einfach auszusetzen."

Lena fällt ein riesiger Stein vom Herzen; nein, fast schon
eher ein Felsbrocken. Frau Müller ist ja gar nicht so streng,
wie sie dachte; ganz im Gegenteil. Lena merkt, wie ihre Aufregung abnimmt. Sie schöpft Atem und sagt dann mit leiser
Stimme: „Ich habe bloß Angst, daß ich sie nicht behalten darf.

Der Hausmeister mag doch keine Tiere hier im Haus, und meine Mutter ist auch den ganzen Tag weg. Und ich muß zur Schule." – „Ja", sagt Frau Müller, „das ist ein großes Problem. Laß uns mal zusammen überlegen, was wir machen können. Komm, wir gehen erst einmal zu mir und essen was. So habe ich ein wenig Gesellschaft, und du bekommst etwas Warmes in den Magen." Und so sitzen Lena und Frau Müller an einem hübsch gedeckten Eßtisch und essen voller Genuß einen Bohneneintopf ratzekahl auf. Hm, ist das lecker! So etwas Gutes hat Lena schon lange nicht mehr gegessen.

Die Katze liegt auf dem Teppich in der Sonne und leckt sich ausgiebig das Fell. Manchmal hascht sie nach einem Sonnenkringel, manchmal springt sie auf und dreht sich wie ein Kreisel, um ihren Schwanz zu fangen. Lena schaut ihr begeistert zu und muß immer wieder lachen über die drolligen Bewegungen. „So, jetzt spülen wir das Geschirr ab, und dann wird nachgedacht", sagt Frau Müller. Sie stellt der Katze noch einen Napf mit etwas Milch und Brotbröckchen in die Küche, und beide schauen zu, wie das Tierchen voller Behagen alles bis auf das kleinste Restchen aufschleckt.

„Ich muß sie behalten", denkt Lena. „Wie stelle ich es nur an, damit ich die Erlaubnis bekomme?" Sie ist schon wieder ganz mutlos und sieht gar keinen Ausweg. „Du mußt zuerst mit dem Hausmeister reden", sagt Frau Müller in Lenas Gedanken hinein. „Er ist eigentlich ein ganz netter Mann. Vielleicht macht er einmal eine Ausnahme. Dann wird deine Mutter sicherlich auch zustimmen. Eine Katze macht ja nicht soviel Arbeit wie ein Hund, und ich würde mich auch um sie kümmern, wenn ihr nicht da seid." Ja, so könnte es gehen. Lena ist erleichtert, aber wenn sie an das Gespräch mit dem Hauswirt denkt, steigt doch Angst in ihr hoch. Beklommen schaut sie Frau Müller an. Die nickt ihr aufmunternd zu und sagt: „Du wirst es schon schaffen. Du wirst schon sehen."

Der Hauswirt wohnt unten im Erdgeschoß. Er ist ein pensionierter älterer Mann, der immer ziemlich griesgrämig ausschaut. Mit klopfendem Herzen steht Lena vor seiner Wohnungstür. Am liebsten würde sie weglaufen. Aber nein, sie will die Katze haben. Das ist ihr größter Wunsch. Also atmet sie ein paarmal tief durch. Das hat ihr vorhin auch geholfen, und dann drückt sie entschlossen auf den Klingelknopf. Herr Haupt öffnet die Tür und schaut sie durch seine Brille mit gerunzelter Stirn an. Ach du liebe Zeit – Lena läßt ihre Schultern sinken und fühlt sich ganz hilflos. „Gu ... Guten Tag", stottert sie und weiß nicht mehr weiter. Unruhig tritt sie von einem Fuß auf den andern und merkt, wie ihre Hände feucht werden. Herr Haupt schaut sie abwartend an und nimmt dann seine Brille ab. Mit Daumen und Zeigefinger reibt er sich eine Stelle über der Nasenwurzel und blinzelt ein paarmal. „Durch meine Lesebrille kann ich nicht so gut sehen", sagt er zu Lena. „Aber jetzt erkenne ich dich, du bist doch Lena aus dem vierten Stock. Na, was hast du denn auf dem Herzen?" Lena traut ihren Ohren nicht. Das klingt doch gar nicht so abweisend wie erwartet.

Sie atmet noch einmal tief durch, hebt den Kopf und sieht Herrn Haupt direkt an. Sie räuspert sich. „Ich wollte Sie was fragen", gibt sie sich einen Ruck. „Na, dann komm mal rein", sagt Herr Haupt, „das wollen wir doch nicht auf dem Hausflur erledigen." Er führt sie in ein gemütliches Wohnzimmer. Überall liegen Zeitungen herum, und so ganz ordentlich ist es auch nicht. Lena schaut sich neugierig um und sieht zu ihrer Überraschung einen Vogelkäfig auf der Fensterbank stehen, in dem zwei Wellensittiche schnäbeln. Herr Haupt bemerkt Lenas Blick und sagt: „Das sind die Lieblinge meiner Frau. Sie ist gerade bei unserer Tochter und hütet die Enkelkinder. So muß ich die Vögel versorgen. Was für eine Arbeit!" Er bückt sich, um ein paar Körner aufzuheben. Viel nützt es nicht, denn um den Käfig herum liegen viele Körner. Lena muß lachen, sie ist ein wenig erleichtert. Herr Haupt ist wirklich ganz nett, und Tiere hat er auch.

So fängt sie nun an, noch einmal die Geschichte von der Katze zu erzählen, und merkt dabei, wie ihre Stimme immer sicherer klingt. Als sie am Ende angekommen ist, schaut sie Herrn Haupt bittend an: „Und nun wollte ich Sie fragen, ob ich die Katze in unserer Wohnung behalten darf. Ich wünsche mir das so sehr. Frau Müller hat auch nichts dagegen." – „Tja", Herr Haupt wiegt seinen Kopf hin und her, „eigentlich steht im Mietvertrag, daß Tierhaltung im Haus verboten ist."

„Ach bitte", Lena schaut ihn wieder ganz direkt an, „machen Sie doch eine Ausnahme! Die Katze ist ja so winzig. Ihre Frau liebt doch auch Tiere, wie Frau Müller." Herr Haupt schweigt eine Weile nachdenklich. Lena hält den Atem an, und dann sieht sie ein Schmunzeln in seinem Gesicht. „Du bist recht klug, kleines Fräulein", lacht er. „Ich glaube, ich muß dir die Erlaubnis geben. Sonst kriege ich noch Ärger mit den Frauen hier im Haus. Und das möchte ich wirklich nicht." Er lacht aus voller Kehle. „Oh danke, danke", ruft Lena glücklich, „das muß ich sofort Frau Müller erzählen." Sie läuft fröhlich nach oben. Sie hat's geschafft, weil sie ihre Schüchternheit überwunden und mutig für ihre kleine Katze gekämpft hat.

Lena sitzt auf dem Sofa in ihrer Wohnung und streichelt das Kätzchen. Sie hört das zufriedene Schnurren und spürt das warme weiche Fell unter ihren Händen. Sie läßt ihre Gedanken wandern und schläft langsam ein. In ihren Träumen spielt sie mit dem Kätzchen auf einer sonnigen bunten Blumenwiese und fühlt sich so leicht und schwerelos wie eine Flaumfeder im Wind.

Dritte Folge: Wie wird Lenas Mutter entscheiden?

Lena erwacht gähnend aus ihrem Schlaf und hört ein Geräusch an der Wohnungstür. Erschrocken fährt sie zusammen. Wer kann das sein? Und dann hört sie auch schon die Stimme ihrer Mutter: „Lena, Lena, bist du hier?" Ganz aufgeregt und atemlos klingt ihre Stimme.

„Ja, Mami, ich bin hier", ruft Lena und will aufspringen. Plötzlich fällt ihr die Katze ein. Sie hat sich in ihrer Armbeuge zusammengekringelt und macht gerade ein Schläfchen. Vorsichtig hebt Lena das Tierchen hoch und legt es in die Sofaecke. Zögernd steht sie auf und geht in den Flur. Was soll sie ihrer Mutter sagen? Und wieso ist ihre Mutter überhaupt schon zu Hause? Es ist doch noch nicht fünf Uhr. Ihre Mutter stürzt auf sie zu und nimmt sie in den Arm. „Ich bin ja so erleichtert", sagt sie zu Lena und knuddelt sie. „Ich hatte mir solche Sorgen gemacht. Die Leiterin des Kinderhortes hat mich im Büro angerufen, weil du nicht zum Mittagessen gekommen bist. Ich habe immer wieder hier angerufen, aber niemand meldete sich. Wo bist du denn bloß gewesen?"

Lena hat auf einmal ein rabenschwarz schlechtes Gewissen. Durch die Aufregung mit dem Kätzchen hat sie alles andere vergessen. Sie hätte im Hort Bescheid sagen müssen. Jetzt haben sich viele Leute unnötig Sorgen gemacht. Wie dumm von ihr. Schuldbewußt schaut sie ihre Mutter an. Sie muß ihr jetzt die ganze Geschichte erzählen. Hoffentlich ist sie nicht böse! Soviel Angst und Ärger hat sie durch Lenas Gedankenlosigkeit gehabt. Und hoffentlich mag sie die Katze. Tausend Gedanken schießen Lena durch den Kopf. Wo soll sie bloß anfangen? „Langsam, langsam", ermahnt sie sich, „ich fang ganz von vorn an und erzähl' eins nach dem andern."

So holt sie tief Atem, nimmt ihre Mutter an die Hand und zieht sie ins Wohnzimmer. „Mami, setz dich mal hin. Ich muß dir etwas ganz Aufregendes erzählen." Und dann sprudelt die ganze Geschichte nur so aus ihr heraus. Am Ende geht sie zum Sofa und holt die kleine schwarze Katze. Die reckt sich und gähnt mit aufgerissenem Mäulchen, so daß man die winzigen, scharfen Zähne sieht.

Die Mutter hat aufmerksam zugehört und betrachtet jetzt die Katze. Sie nimmt sie in den Arm und streichelt sie. Sie runzelt die Stirn und sagt lange kein Wort. Lena ist es ganz mulmig zumute. Sie spürt ihr schlechtes Gewissen. Nach einer Weile hebt Lenas Mutter den Kopf und schaut Lena sehr ernst an: „Ich habe Angst um dich gehabt, Lena. So unbedacht darfst du in Zukunft nicht mehr sein. Ich verstehe deine Aufregung. Aber ich muß immer wissen, wo du bist. Ich muß mich auf dich verlassen können. Versprichst du mir das?" Lena nickt heftig mit glühendem Gesicht. „Ich verspreche es", sagt sie und gibt ihrer Mutter einen dicken Kuß.

Dann fährt die Mutter fort: „Die Katze ist wirklich süß, und ich sehe ja, wie sehr du dich darüber freust. Ich finde es auch ganz toll, wie du mit Frau Müller und Herrn Haupt geredet hast. Ich bin stolz, daß du so beherzt sein kannst." Lena freut sich über die Worte ihrer Mutter. Ihre Augen leuchten. „Aber denk daran", sagt die Mutter, „daß so eine Katze viel Arbeit macht. Sie braucht ein Katzenklo, das regelmäßig gesäubert werden muß. Außerdem ist die Kleine sicher noch nicht sauber, so daß man viel Geduld mit ihr haben muß. Sie braucht Futter, muß zum Tierarzt. Sie ist noch sehr tolpatschig und verspielt und macht vielleicht mal etwas kaputt. Da ich den ganzen Tag arbeite, muß du für die Katze sorgen. Ich kann dir helfen, aber du wirst die Hauptarbeit haben. Überleg dir gut, ob du dir das zutraust. Das Kätzchen ist kein Kuscheltier."

Lena läßt sich das alles durch den Kopf gehen. Ja, das wird viel Arbeit sein. Ob sie das wohl schaffen kann? Sie wird unsicher und fühlt sich ratlos. Sie weiß sehr wohl, daß sie oft keine Lust hat, zu helfen oder ihre Aufgaben zu machen. Sie würde lieber mit ihrer Barbie spielen oder fernsehen. Und wenn sie rummuffelt, gibt es immer gleich Ärger mit ihrer Mutter. Sie seufzt und schaut die Katze an. Die streckt sich gerade ganz wohlig auf dem Teppich aus und läßt ein zufriedenes Schnurren ertönen. Lena spürt wieder ihre Freude und erinnert sich an ihren Mut, den sie heute gezeigt hat. Wie toll ist es ihr doch gelungen, die Erwachsenen zu überzeugen, weil sie ihre Schüchternheit und ihre Angst überwunden hat. Dann kann sie doch wohl auch mit ihrer eigenen Faulheit fertig werden. Und Mami hilft ja mit. Also sagt sie mit fester Stimme: „Ich will es versuchen. Vielleicht klappt es nicht immer, aber ich will mir Mühe geben." Die Mutter lächelt: „Willkommen in unserer Familie." Sie streichelt die Katze liebevoll. „Lena wird dich schon gut versorgen." Lena ist überglücklich, daß das Kätzchen bleiben darf. Sie nimmt sich ganz fest vor, fleißig zu sein und ihre Aufgabe zu erfüllen.

„So, und nun müssen wir schnell einkaufen", sagt die Mutter. „Du mußt mir dabei helfen, denn es gibt viel zu tragen.

Wir brauchen Katzenfutter, ein Katzenklo und Katzensand."
– „O je", denkt Lena, „das fängt ja gut an. Wenn wir jetzt losgehen, kann ich meine Lieblingsserie im Fernsehen nicht sehen. Schade. Aber das habe ich mir selbst eingebrockt. Dafür
habe ich jetzt eine Katze."

Am Abend liegt Lena müde und zufrieden im Bett. Sie läßt
noch einmal alle Ereignisse des Tages an sich vorüberziehen.
Sie ist stolz und glücklich, wie gut sie es geschafft hat, die
Schwierigkeiten zu bewältigen. Das Kätzchen hat sich heim-
lich an das Fußende des Bettes geschlichen und schnurrt
gleichmäßig wie ein kleiner Motor vor sich hin. Lena schließt
die Augen, spürt, wie ihr Atem immer gleichmäßiger wird,
und schläft allmählich ein.

Vierte Folge: In der Schule

Lena wird am nächsten Morgen von der Katze geweckt, die
mit ihrer Nase an ihrem Gesicht schnuppert. Ui, wie die Bart-
haare kitzeln! Lena ist sofort hellwach und nimmt das Kätz-
chen in den Arm. Da hört sie auch schon die Stimme ihrer
Mutter: „Lena, aufstehen! Es ist sieben Uhr. Du mußt der
Katze noch Futter geben und sie auf das Katzenklo setzen."
Lena würde gern noch ein wenig im warmen Bett bleiben.
Draußen regnet es schon wieder. Sie hört die Tropfen an die
Fensterscheiben klatschen. Seufzend steht sie auf. Es ist gar
nicht so einfach, die Dose mit dem Katzenfutter zu öffnen.
Dabei muß Mami helfen. Danach nimmt Lena das Kätzchen
und setzt es in den Katzensand. Die Kleine sitzt da etwas verblüfft und guckt sie mit ihren runden Augen ziemlich dumm
an. Zaghaft fängt sie an, in dem Sand zu kratzen. Ganz ge-
heuer ist ihr das nicht. Lena und ihre Mutter frühstücken zusammen.

Nun ist es Zeit für den Aufbruch. Lena muß um acht Uhr
in der Schule sein, und ihre Mutter beginnt auch um acht Uhr
mit ihrer Arbeit im Büro. Schweren Herzens muß Lena die
Katze allein lassen. Was sie wohl tun wird, so ganz einsam?

Aber es ist immer noch besser in einer warmen Wohnung als draußen in dem Schmuddelwetter, tröstet sich Lena und macht sich auf den Weg. Ihr Schulweg ist nicht lang, sie braucht nur zehn Minuten zu gehen. Einige aus ihrer Klasse wohnen hier in der Nähe, aber Lena hat aus Schüchternheit noch nie gefragt, ob sie mit ihnen zusammengehen könnte. So läuft sie eben allein durch den Regen.

Als sie ihre Klasse betritt, sieht sie als erstes Thomas, der sie abweisend anguckt. Das hatte sie schon befürchtet. Er nimmt es ihr sicher übel, daß sie die Katze behalten hat. Er wollte sie so gern haben. Lena tut, als ob sie ihn nicht sieht, und setzt sich schnell auf ihren Platz. Sie fühlt sich unbehaglich und beißt sich auf die Lippen. Eigentlich mag sie Thomas ganz gerne. Schade, wenn er auf sie böse wäre. Wenn sie mehr Mut hätte, könnte sie ja mit ihm sprechen und ihm von der Katze erzählen. Sie traut sich nicht. Aber warum eigentlich nicht? Gestern hat sie doch auch ihre Angst überwunden und hat sogar mit dem Hauswirt gesprochen. Und am Ende war alles gar nicht so schlimm, wie sie es sich vorgestellt hatt. Im Gegenteil, es war ganz einfach ... In Gedanken versunken sitzt sie da und merkt gar nicht, daß Herr Groß, ihr Klassenlehrer, hereingekommen ist.

Ihre Nachbarin, Maartje, stößt sie an, und Lena hebt erschrocken den Kopf. O je, in der ersten Stunde haben sie Deutsch und sollten zu Hause eine Geschichte schreiben. Und siedendheiß fällt ihr ein, daß sie ihre Hausaufgaben gestern total vergessen hat. Sie hat einfach nicht an die Schule gedacht. Was soll sie jetzt tun? Sie macht sich ganz klein in ihrem Stuhl und wünscht sich, sie sei unsichtbar. Herr Groß ist freundlich, aber auch streng. Irgendwie hat sie ein wenig Angst vor ihm. Vielleicht, weil er nicht nur Groß heißt, sondern auch riesig groß ist. Soll sie es darauf ankommen lassen und nichts sagen? Vielleicht kontrolliert er heute die Aufgaben nicht! Aber wenn doch? Ihre Gedanken überstürzen sich, und ihr Gesicht fängt an zu brennen. Tränen steigen in ihre Augen, am liebsten würde sie jetzt losheulen. Sie schluckt und schluckt. Und dann erinnert sie sich wieder an gestern.

Wie sie vor der Tür von Herrn Haupt stand, tief durchgeatmet hat und dann all ihren Mut zusammengenommen und geklingelt hat. *So atmet sie jetzt auch tief ein und aus, hebt ihren Kopf und richtet sich auf.* Sie meldet sich und wackelt mit ihrem Zeigefinger so lange in der Luft herum, bis Herr Groß sie bemerkt. „Na, Lena", sagt er, „was gibt es denn so Wichtiges?" Lena gibt sich einen Ruck, räuspert sich und sagt dann: „Ich möchte mich entschuldigen. Ich habe meine Hausaufgaben vergessen." Herr Groß schaut sie einen Augenblick prüfend an und sagt: „Das kann ja mal passieren. Achte darauf, daß es nicht wieder vorkommt!"

Uff, erleichtert lehnt sich Lena nach hinten. Das war ja gar nicht schlimm. Gut, daß sie sich gemeldet hat. Nun ist ihr ein großer Stein vom Herzen gefallen. Sie schaut sich um und sieht in lauter freundliche Gesichter. „Vielleicht finde ich doch noch ein paar Freunde", denkt Lena, „mal abwarten." In der Pause beugt sich Maartje zu Lena und sagt: „Das fand ich aber mutig, daß du dich gemeldet hast. Ich glaube, ich hätte mich nicht getraut." Lena grinst: „Ich hätte es auch fast nicht getan. Ehrlich: ich hatte ziemlich viel Schiß!"

In der großen Pause gehen alle auf den Hof. Lena kommt an Thomas vorbei, der immer noch ein mürrisches Gesicht macht. Bevor sie es sich anders überlegen kann, bleibt sie vor ihm stehen und sagt schnell: „Hallo, Thomas, soll ich dir etwas von der Katze erzählen?" Thomas schaut sie überrascht an. Sein Gesicht hellt sich auf. Lena ist ganz ruhig und fühlt sich sicher. Sie hat wohl schon etwas aus ihren Erfolgen gelernt. Sie erzählt, was gestern alles passiert ist. Thomas hört gespannt zu. Die Geschichte interessiert ihn brennend, und er vergißt vollständig, daß Lena zu den „blöden Mädchen" gehört. Als Lena zu Ende erzählt hat, sagt er: „Toll, daß du es geschafft hast, die Katze zu behalten. Ich glaube, meine Eltern hätten es nicht erlaubt, weil meine Mutter meint, daß Tiere zuviel Dreck machen." – „Du kannst mich ja mal besuchen", sagt Lena, „dann können wir mit der Katze spielen." Als sie es gesagt hat, steigt ihr die Röte ins Gesicht vor lauter Verlegenheit. Das hätte sie nicht sagen sollen. Jetzt findet er sie sicher blöd. Sie schämt sich und schaut zu Boden. Doch Thomas ist zu ihrer Überraschung ganz begeistert: „Toll, ich komme gern. Geht es schon heute?" – „Klar", sagt Lena und freut sich ganz schrecklich und denkt dabei: „Vielleicht habe ich schon einen Freund gefunden." Auf dem Nachhauseweg holt Thomas Lena auf seinem Rad ein. Er steigt ab und sagt: „Lena, laß uns zusammengehen." Lena strahlt über das ganze Gesicht.

Fünfte Folge: Die Katze und die Kaffeekanne

Inzwischen sind zwei Wochen vergangen, und Lena kann kaum fassen, was alles passiert ist. Thomas ist tatsächlich ihr Freund geworden, aber nicht nur Thomas. Maartje, Tina und Karen haben sich auch brennend für die kleine Katze interessiert. Sie haben Lena zu Hause besucht, und daraus ist eine dicke Freundschaft entstanden. Sie haben sogar alle gemeinsam nach einem Namen für die Katze gesucht, denn Lena war nichts Rechtes eingefallen. Nach langem Hin und Her erhielt sie den Namen Mauz. Denn maunzen konnte sie wirklich laut und durchdringend.

Lena fühlt sich jetzt sehr wohl in ihrer Klasse, auch wenn sie immer noch schüchtern ist und häufig rot wird. Sie ärgert sich immer über ihren roten, heißen Kopf, und je mehr sie sich ärgert, desto röter wird sie. „Ein dummer Teufelskreis", denkt Lena, „wie läßt sich das nur ändern?" Aber eigentlich ist das ganz egal, ihre Freunde mögen sie trotzdem gern. Und manchmal kann sie sogar schon ein wenig über ihren roten Kopf lachen.

Heute nachmittag hat sie sich mit Maartje verabredet. Sie wollen gemeinsam ins Einkaufszentrum fahren, weil sich Maartje eine Kassette von ihrer Lieblingsgruppe kaufen will. Mauz hat sich unterdessen auf leisen Pfoten hinter ihren Rücken geschlichen, springt Lena mit einem mächtigen Satz an und krallt sich mit ihren spitzen Krallen kräftig in ihren Rücken. Au, tut das weh! Lena macht erschrocken eine hastige Bewegung mit ihrem Arm und fegt dabei Mutters beste Kaffeekanne vom Tisch. Es klirrt ganz schrecklich. Lena erstarrt und schaut entsetzt auf den Scherbenhaufen. Die Kanne, die ihre Mutter von ihrer Großmutter geerbt hat, an der sie so hängt und die unersetzlich ist! Ihre Mutter wird supersauer sein. Sie ist in letzter Zeit sowieso so nervös, weil sie so viel Arbeit im Büro hat. Bedrückt hebt Lena die Scherben auf. Die Kanne ist auf dem Kachelboden der Küche in tausend winzige Teile zersprungen.

So ein Mist! Lena ist wütend und möchte Mauz, die schnurrend um ihre Beine streicht, am liebsten einen ordentlichen Tritt versetzen. Sie holt schon mit dem Fuß aus, da fällt ihr ein, wie klein die Katze ist. *„Stopp! Ruhig bleiben!* Die Katze kann ja nichts dafür. Aber ihretwegen habe ich die Kanne zerschmissen und kriege jetzt Ärger." Ihre Wut ist fast verraucht. Da klingelt es an der Wohnungstür. Das ist sicherlich Maartje, die sie abholen will. Mürrisch macht Lena auf und brummt: „Ich gehe nicht mit, ich habe keine Lust", und will die Tür wieder schließen. Maartje macht ein verblüfftes Gesicht. „Was hast du? Ist dir eine Laus über die Leber gelaufen?" – „Geht dich gar nichts an", faucht Lena und knallt die Tür zu. Sie geht wütend in ihr Zimmer und wirft sich auf ihr Bett.

Das hat sie nun davon. Mauz macht ständig Mist, und sie hat den Ärger! Zuerst mußte sie immer die Katzenseen wegputzen, als sie aus der Schule kam. Mami hatte nämlich recht gehabt mit ihrer Vermutung, daß Mauz noch nicht sauber ist. Brr, hat das gestunken! Lena schüttelt sich immer noch, wenn sie daran denkt. Mauz ist ein lebhaftes, kräftiges Tier geworden. Sie springt und rennt manchmal wie verrückt durch die Wohung, wirft dabei alles um, was ihr im Wege steht. Einmal hat sie sogar die ganze Wohnzimmergardine heruntergerissen. Sie wirft Blumenvasen um, frißt die Blätter von den Grünpflanzen und kratzt mit Wonne die Erde aus den Pflanzentöpfen. Ihr Futter holt sie sich immer vom Teller und spielt damit auf dem Boden herum. Und die arme Lena muß alles wieder aufputzen.

Nein, so hatte sie sich das nicht vorgestellt! Lena weint vor Zorn und vergräbt ihren Kopf im Kopfkissen. Da hört sie ein klägliches Miauen und ein beharrliches Kratzen an der Tür. „Laß mich in Ruhe, doofe Katze", denkt Lena und hält sich die Ohren zu. Mauz hört nicht auf, zu maunzen und zu kratzen, bis Lena sich schließlich unwillig erhebt und die Tür öffnet. Mauz sitzt dicht hinter der Tür, die Pfötchen ordentlich nebeneinander gestellt. Sie schaut Lena mit schiefgelegtem Köpfchen an und wedelt fröhlich mit dem Schwanz. Lenas Ärger verfliegt, ihr Herz schmilzt. Sie beugt sich hinunter und hebt das leichte Bündel hoch. Sie reibt ihr Gesicht an dem weichen Fell und schämt sich ein bißchen über ihre Wut. Mauz ist ja noch eine Babykatze, sie kann ja nichts dafür, daß sie so verspielt und tolpatschig ist.

Lena wird langsam ruhiger, während sie Mauz streichelt. Sie ordnet ihre Gedanken. Sie wird Mami schon erklären können, wie alles gekommen ist. Selbst wenn ihre Mutter sich ärgert, bricht ja nicht die Welt zusammen. Ihr Ärger wird wieder verfliegen. Sie ist niemals lange verstimmt.

Als ihre Mutter nach Hause kommt, traut sich Lena aber zuerst doch nicht. Sie schleicht um die Mutter herum und weiß nicht, wie sie anfangen soll. Die Furcht überfällt sie, daß die Mutter schrecklich schimpfen und ihr die Katze wegnehmen wird. Ihr Mund wird ganz trocken, und sie muß schlucken. Und wieder erinnert sie sich an den Mut, den sie am ersten Tag mit dem Kätzchen bewiesen hat. Wie hatte sie das noch gemacht? Richtig: *erst mal durchatmen und dann mit fester Stimme die Sache beim Namen nennen.* Sie holt tief Luft und spricht die Mutter an: „Hör mal, ich ... ich habe etwas kaputt gemacht. Du schimpfst bestimmt. Aber ich will nicht warten, bis du es sowieso merkst." Jetzt ist es raus. Erleichtert stellt sie fest, daß es geht. Und dann erzählt sie ihr nach und nach die ganze Geschichte. Ihre Mutter hört ruhig zu. Sie ist aber ziemlich sauer, denn sie hing an dieser Kaffekanne. Und sie schimpft auch über die Katze. Aber sie gibt Lena keine Schuld und denkt auch nicht daran, ihr die Katze wieder wegzunehmen. Schließlich meint sie seufzend: „Na ja, so eine Katze ist eben kein Plüschtier. Solche Unglücksfälle passieren halt. Und ich finde, du hast dich wirklich verantwortungsbewußt um die Katze gekümmert."

Nun muß sich Lena Gedanken machen, wie sie sich wieder mit Maartje versöhnen kann, der sie so grundlos die Tür vor der Nase zugeworfen hat. Sie wird sicher beleidigt sein und ziemlich wütend. Lena überlegt hin und her. Soll sie jetzt anrufen? Oder bis morgen warten? Aber Mami sagt immer, man sollte über einem Streit nicht die Sonne untergehen lassen. Also gleich! Sie wird sich entschuldigen, jetzt sofort. Bei dieser Vorstellung wird sie schon wieder rot. Sie schämt sich. Es ist so schwierig, einen Fehler einzugestehen. Diesmal geht es schon automatisch: *Sie atmet tief durch und gibt sich einen Ruck.*

„Mami, ich geh mal kurz zu Maartje. Bin gleich wieder da." Dann rennt sie los, um Maartje alles zu erklären. Ihren roten Kopf vergißt sie dabei. Maartje will zuerst gar nicht mit ihr sprechen, so beleidigt ist sie. Lena ist jedoch hartnäckig und läßt sich nicht abweisen. „Ich will mich entschuldigen", sagt sie zu Maartje und hat einen knallroten Kopf. Aber daran denkt sie nicht mehr, es ist viel wichtiger, daß Maartje ihre Freundin bleibt. „Ich war gemein zu dir, es tut mir leid." Maartje sieht sie forschend an, dann nickt sie: „Okay. Finde ich gut, daß du dich entschuldigst." Und dann lachen beide erleichtert. „Also dann bis morgen", sagt Lena und läuft erleichtert nach Hause. Lena denkt abends vor dem Schlafengehen noch einmal über diesen aufregenden Tag nach. Trotz aller Schwierigkeiten konnte sie Ärger und Angst bewältigen. Und am tollsten findet sie, daß es ihr gelungen ist, einen Fehler einzugestehen und sich wieder mit Maartje zu versöhnen. Und daß es ihr völlig egal ist, wenn sie rot wird. Zufrieden kuschelt sie sich in ihre Kissen, spürt, wie sie immer müder wird, immer schwerer ... Sie schläft langsam ein.

Sechste Folge: Mauz beim Doktor

Heute ist ein aufregender Tag. Mauz muß zum Tierarzt. Sie soll eine Wurmkur bekommen und gegen Katzenseuche geimpft werden. Lenas Mutter hat einen Termin abgemacht, aber nun muß sie plötzlich im Büro bleiben, weil sie eine wichtige Besprechung hat. Lena ist ratlos. Wie soll sie das allein schaffen? Sie fühlt sich von ihrer Mutter im Stich gelassen. Der Katzenkorb ist sehr schwer, sie kann ihn gar nicht allein den weiten Weg tragen. Zu allem Überfluß springt Mauz in dem Korb wie verrückt hin und her und maunzt empört. Lenas Gedanken drehen im Kreis. „Sei ruhig", ermahnt sie sich, „überleg doch mal." Sie setzt sich einen Moment hin, macht die Augen zu und denkt nach. Nach ein paar Minuten atmet sie erleichtert auf. Ja, so könnte es gehen.

Sie ruft Thomas an und fragt ihn, ob er Lust hat, sie mit Mauz zum Tierarzt zu begleiten. Und ob er sein Fahrrad mitbringen könnte. Thomas ist ganz begeistert. Natürlich kommt er mit. Tierarzt! Das findet er spannend. Und so kommt es, daß sich ein merkwürdiges Grüppchen auf den Weg zum Tierarzt macht. Thomas schiebt sein Rad. Der Katzenkorb thront auf dem Gepäckträger, und Lena hält den Korb fest. Mauz gibt keine Ruhe, ihr gefällt das Eingesperrtsein überhaupt nicht. Sie miaut die ganze Zeit und springt so ungestüm hin und her, daß der Korb häufig gefährlich ins Wanken gerät. Alle Leute, denen sie begegnen, schauen sich nach dem merkwürdigen Gespann um.

Endlich sind sie da. Lena ist es unbehaglich zumute. Sie erinnert sich an ihre Zahnarztbesuche, vor denen sie immer so viel Angst hat. Der komische Geruch in der Praxis, der Zahnarztstuhl, die Instrumente und Spritzen! Brr, Lena verscheucht die Gedanken. Mauz wird es schon überstehen. Sie betreten die Praxis. Ja, es riecht genau so wie in der Zahnarztpraxis. Lena schüttelt sich. Zaghaft öffnet sie die Tür zum Wartezimmer. Ein grollendes Knurren und ein „Ali, willst du wohl still sein!" schallen ihr entgegen. Vorsichtig streckt sie den Kopf durch die Tür. Da sitzt ein großer Boxer in der Mitte des Raumes und läßt ein gefährliches Knurren hören. Lena spürt, wie Mauz sich im Korb aufgeregt bewegt. Am liebsten würde Lena wieder umkehren. Der große Hund macht ihr Angst. Und dann dieses dumpfe Grollen.

Zum Glück hält ihn eine Frau an der Leine. Sie spricht besänftigend auf ihn ein und zieht ihn langsam näher zu sich heran. „Er ist nicht gefährlich", beruhigt die Frau Lena und Thomas. „Ich glaube, er hat große Angst." Aber Lisa hört gar nicht zu, so groß ist ihre eigene Angst. Wie gelähmt steht sie in der Tür und bewegt sich nicht. Thomas drängelt von hinten. Das bringt sie noch mehr durcheinander.

Sie spürt ihre Hilflosigkeit, und blitzschnell fällt ihr ein, wie sie mit dem Hausmeister gesprochen hat. Also: *Luft holen, Mut fassen und der Sache ins Auge sehen!* Langsam geht sie voran, sieht ihren Platz fest an und trägt den schweren Korb vorsichtig an dem Hund vorbei. Mauz bewegt sich in dem Korb, und als Lena durch das Korbgeflecht schaut, sieht sie, wie die winzige Katze einen riesengroßen Buckel macht. Ihr Fell sträubt sich, und ihr Schwanz ist doppelt so dick wie sonst. Und dann läßt sie ein furchterregendes Fauchen hören. Lena ist ganz verblüfft. Das hat Mauz noch nie gemacht. Das klingt ja richtig gefährlich. Thomas muß lachen: „Na, du Minitiger, gib doch nicht so furchtbar an." Der Boxer richtet sich alarmiert auf, als er das Fauchen hört, und fängt wieder an zu knurren. Sein Frauchen streichelt ihn und flüstert beruhigende Worte. Dann legt er sich hin, den Kopf auf die Pfoten gestützt und schaut unverwandt auf den Korb. Langsam beruhigt sich Mauz auch wieder und schrumpft auf ihre ursprüngliche Größe zurück. Sie streckt eine kleine Pfote durch eine Lücke im Korb und läßt sich von Lena streicheln.

Die Frau und der Boxer werden vom Doktor aufgerufen und verschwinden hinter der Tür des Behandlungszimmers. Ab und zu hört man ein Winseln oder auch ein Gebell, ruhige Stimmen und ein Klirren und Klappern. Nach einer Weile öffnet sich die Tür, und Lena hört, wie die Frau sich verabschiedet. „Jetzt sind wir dran", denkt Lena ängstlich. Da steht auch schon der Doktor im Türrahmen und sagt: „Du bist sicherlich

Lena und bringst deine Katze." – „Ja", flüstert Lena beklommen. Sie hat so ein komisches Gefühl im Bauch. „Nun komm mal herein, dein Freund kann auch mitkommen", ermuntert sie der Doktor. „Au ja!" Thomas springt auf. Er findet das hochinteressant. Die beiden tragen den Korb in das Behandlungszimmer und stellen ihn auf den Untersuchungstisch. „Na, wie heißt denn der Patient", fragt der Doktor freundlich. „Mauz", sagt Lena. „Hallo, Mauz, du brauchst keine Angst zu haben." Mit diesen Worten nestelt der Doktor den Verschluß auf. „Komm heraus, ich tue dir nichts." Mauz sitzt in der hintersten Ecke des Korbes und macht sich ganz klein. Von dem schrecklich fauchenden Ungeheuer von vorhin ist nichts mehr übriggeblieben.

Der Doktor steckt seine Hand in den Korb und holt Mauz mit sicherem Griff aus ihrer Ecke. „Du bist aber eine Schöne", schmeichelt er. Mauz wird zunehmend unternehmenslustiger. Sie spaziert auf dem Tisch herum und beschnuppert alles voller Interesse. Der Doktor untersucht Mauz mit vorsichtigen Händen. Er schaut ihr ins Maul und leuchtet ihr mit einer kleinen Lampe in Augen und Ohren. Mauz läßt sich alles brav gefallen. Abschließend wird Mauz noch gewogen, und dann ist die Untersuchung beendet. „Mauz ist ein gesundes Tier und für ihr Alter von etwa zwei Monaten gut entwickelt", sagt der Doktor. „Das wird eine prächtige Katze." Lena richtet sich stolz auf. Sie hat Mauz auch immer gut versorgt. „Jetzt bekommt Mauz noch eine Spritze, und dann sind wir fertig", erklärt der Doktor.

Eine Spritze! In Lenas Bauch zieht sich alles zusammen. Sie schaut schnell zur Seite, als der Doktor die Spritze aufzieht. „Es tut nicht weh", beruhigt sie der Doktor. „Sieh mal, so hältst du Mauz gut fest, und dann geht es ganz schnell." Lena zögert, sie denkt an die Spritze beim Zahnarzt. Aber so schlimm war das nicht, erinnert sie sich. *Sie atmet tief ein und aus und packt dann entschlossen zu.* Der Doktor zieht Mauz Nackenfell ein bißchen hoch und – schwupp ist die Spritze drin. Mauz piepst, und dann ist alles schon wieder vorbei. Lena ist erleichtert.

Thomas hat interessiert zugeschaut und nickt ihr anerkennend zu. Das heißt: „Gut gemacht!" Lena strahlt. Sie bekommt noch eine Wurmkur für zu Hause mit, und der Doktor erklärt ihr, wie sie das Mittel unter das Katzenfutter mischen soll. In zwei Monaten soll sie wiederkommen zur zweiten Impfung. Dann wird Mauz unter wütendem Protest wieder in den Korb verfrachtet, und das Gespann macht sich auf den Weg zurück. Lena fühlt sich sehr stolz, wie gut sie alles organisiert hat. Mutter wird Augen machen. Am meisten freut sie sich darüber, daß sie Mauz bei der Spritze festgehalten hat. Das hat sie eine Menge Überwindung gekostet.

In der Nacht hat sie einen wunderbaren Traum: Sie träumt von einem Zauberer in einem wunderschönen blauen Sternenmantel und einem spitzen Zauberhut – ist das nicht der Doktor? – der sie anlächelt und – simsalabim – viele kleine Kätzchen aus seinem Ärmel zaubert. Sie tanzen um Lena herum, schnurren und reiben ihre Köpfchen an Lenas Beinen. Und dann spaziert Mauz herein. Sie hat eine funkelnde Krone auf ihrem schwarzen Kopf und sagt zu Lena: „Willkommen im Katzenwunderland. Du wirst zur Ehrenprinzessin ernannt, weil du so tapfer bist." Lena ist selig über so viel Lob. Und dann steigt sie in eine goldene Kutsche, die von vier weißen Katern gezogen wird, und fährt herrlichen Abenteuern im Katzenwunderland entgegen.

Dani

(Norbert Klecka)

Erste Folge: Der Morgen

Dani schläft. Ganz ruhig geht sein Atem: ein und aus. Er träumt. Er ist auf einem Schiff, einer Luxusjacht. Und er liegt in einem Liegestuhl. Die Sonne scheint auf seinen Körper, und der fühlt sich angenehm schwer und warm an. Dani schaut über das Meer. Kleine Wellen plätschern gegen den Schiffsrumpf. Das Schiff wiegt sich etwas in den Wellen. Dani beobachtet die Möwen, die über dem Schiff kreisen. Schwerelos gleiten sie durch die Luft. Undeutlich hört er ein Geräusch. Es stört ihn, und es wird immer lauter. Das muß die Schiffssirene sein, die da tutet. Sie hört gar nicht mehr auf.

„Dani, aufstehen", ruft die Mutter und stellt den Wecker ab. Ganz verschlafen öffnet Dani die Augen. Er reibt sich den Schlaf aus den Augen. Seine Glieder sind noch ganz schwer. Er reckt und streckt sich und trottet langsam ins Badezimmer. Dort wäscht er sich. „Zähneputzen nicht vergessen!" Das war wieder die Mutter. Nun zieht er sich an und setzt sich an den Frühstückstisch. Es gibt Nutellabrot und Kakao. „Hmmm!". – „Dani, du mußt noch deine Schultasche packen!" Er geht zu seinen Schulsachen. Sein Blick fällt auf das Mathebuch.

Siedend heiß läuft es ihm den Rücken runter. Heute schreiben wir ja die Mathearbeit! Seine Hände werden ganz feucht, die Gedanken jagen nur so durch seinen Kopf. „Die verpatze ich. Das kann ich nicht. Wäre ich doch heute krank. Ich möchte ins Bett", denkt er. Sein Blick hetzt hin und her. Nur nicht das Mathebuch anschauen.

Dani denkt an seine Entspannungsformel: *„Ruhig atmen, Gedanken ordnen und das Mathebuch fest ansehen!* Ich habe doch für die Arbeit geübt. Einige Aufgaben werde ich bestimmt lösen. Das muß doch mindestens für eine Vier reichen, vielleicht sogar für eine Drei." Das hilft: Ruhig packt Dani sein Mathebuch und die anderen Schulsachen ein. Er zieht seine Jacke an, gibt der Mutti einen Kuß und geht.

Draußen ist es noch ein bißchen kühl. Er kuschelt sich in die Jacke. Auf der Straße ist kaum Verkehr. Von seiner Klasse ist noch keiner zu sehen. Doch da kommt René aus dem Haus Nr. 17; René, der ihn immer anmacht und der auch immer gleich zuschlägt. Wieder überfällt Dani die Angst. Ihm wird abwechselnd heiß und kalt. Die Hände sind ganz naß vor Angstschweiß. Nur nicht zu ihm hingucken. Die Gedanken wirbeln nur so durch den Kopf: „Was wird René machen? Ob ich lieber auf die andere Straßenseite gehe? Jetzt hat er mich gesehen! Gleich wird es wieder losgehen."

Also: *Tief durchatmen und René fest ansehen!* „Wenn ich nicht wegrenne, sondern auf ihn zugehe, hat er doch gar keinen Grund, mich zu hänseln." Dani geht auf René zu, sieht ihm kurz in die Augen: „Hallo, René!" Der ist ganz verdutzt. „Hallo, Dani! Du spielst wohl den starken Mann." Die Angst will schon wieder in Dani hochkriechen, aber da sagt René: „Los, wir müssen uns beeilen, sonst kommen wir zu spät."

Schnell laufen beide auf die Schule zu. Sie schaffen es gerade noch rechtzeitig in die Klasse zu kommen. Es läutet. Die erste Stunde beginnt.

Zweite Folge: Die Rechtschreibstunde

Dani und René sind gerade noch rechtzeitig in die Schule gekommen. Es klingelt zur ersten Stunde: Deutsch steht auf dem Stundenplan, Groß- und Kleinschreibung. Herr Blumenkohl kommt in die Klasse. Er ist Danis Klassenlehrer. Dani hat ein bißchen Angst vor ihm, weil er sehr streng ist, aber er ist auch gerecht. „Guten Morgen, Kinder!"

„Guten Morgen, Herr Blumenkohl!" – „Holt bitte eure Deutschhefte heraus. Wir wollen die Hausaufgabe vergleichen." Dani greift in seine Schultasche. Doch wo ist das Heft? Er wird ganz aufgeregt. Planlos wühlt er in seiner Tasche herum. Nichts! Und während er in seiner Tasche wühlt, steigt die Angst in ihm hoch. Immer stärker wird sie. Da kommt auch schon Herr Blumenkohl auf ihn zu.

Dani fängt an zu zittern. Die Gedanken überschlagen sich: „Wo ist das Heft? Wo ist das Heft? Ich habe es doch eingepackt! Oder etwa doch nicht? Aber die Hausaufgabe habe ich doch gemacht! Was wird Herr Blumenkohl nur sagen? Bestimmt schimpft er mit mir! Und alle anderen sehen zu." Sein Blick irrt zwischen der Schultasche und dem Tisch hin und her. „Nur nicht Herrn Blumenkohl ansehen! Vielleicht geht er ja vorüber." Dani hält unwillkürlich seinen Atem an und spürt seine Angst.

Da fällt ihm die E-Formel ein: *„Ruhig atmen und Herrn Blumenkohl anschauen.* Ich habe doch die Hausaufgaben gemacht. Mutti hat mich doch dafür noch gelobt, weil ich alles richtig hatte. Und das Heft liegt noch auf dem Tisch." – „Was ist, Dani?" Herrn Blumenkohls Stimme klingt ungeduldig. Dani ist aber schon ruhig. „Ich …, ich … kann mein Heft nicht finden. Ich habe es vergessen", gibt Dani offen zu. „Du hast die Hausaufgaben vergessen?" – „Nein, die habe ich bestimmt nicht vergessen." Einen Augenblick Schweigen. Herr Blumenkohl scheint nachzudenken. „Na ja, wir werden ja sehen." Dani atmet auf.

Die Hausaufgaben werden verglichen. Nacheinander lesen die Schüler die Sätze vor. René ist dran: „Der kleine Hund ist verspielt." – „Wie hast du ‚kleine' geschrieben, René?" – „Groß natürlich, Herr Blumenkohl, da steht doch ein ‚der' davor." – „Das ist falsch", denkt Dani. Und schon gehen auch einige Finger hoch. Dani traut sich aber nicht, sich zu melden. „Damit sind nicht alle Schüler einverstanden, René. Du darfst dir einen Helfer aussuchen." – „Dani!" ruft René beinahe schadenfroh.

Dani fährt vor Schreck zusammen. Die ganze Klasse

scheint ihn anzustarren. Am liebsten möchte er sich irgend-
wohin verkriechen. Wo soll er nur hingucken? Seine Gedanken sind ein heilloses Durcheinander. „Warum ich? Ich habe
mich doch gar nicht gemeldet. Bei ‚der‘ werden die Wörter
doch auch groß geschrieben? Wie war die Regel? Ich weiß gar
nichts mehr.“ Dani merkt seine Angst und denkt kurz: *„Ruhig atmen und Gedanken ordnen!“* Er antwortet mit ziemlich fester Stimme: „Das ‚der‘ gehört doch zu Hund. Eigentlich heißt es doch: Der Hund ist verspielt. ‚Klein‘ ist ein
Wie-Wort. Wie-Worte schreibt man klein.“ – „Sehr gut,
Dani“, sagt Herr Blumenkohl. „Ich sehe, du hast die Regel gelernt. Aber morgen zeigst du mir deine Hausaufgabe.“ Dani
ist nicht nur erleichtert, sondern auch ein bißchen stolz. Er
hat sich erfolgreich behauptet. Der Rest der Deutschstunde
verläuft ganz normal. Dani meldet sich sogar zweimal. Ob das
mit seinem Erfolg zusammenhängt?

In der Pause kommt Yvonne auf ihn zu. Ja, Yvonne, *die*
Yvonne, die Dani gerne zur Freundin haben möchte. Er bekommt einen tüchtigen Schreck. Ihm scheint das Herz immer
tiefer zu rutschen. „Und jetzt werde ich auch noch rot“, denkt
er. Am liebsten möchte er davonlaufen. „Dani, kannst du mir
das mit dem Hund noch einmal erklären? Ich verstehe das
nicht.“ Dani fühlt, wie sein Gesicht noch röter wird. Aber
diesmal vor Freude. Sein Herz macht einen gewaltigen Satz.
Voller Eifer erklärt er Yvonne die Regel. Beide sind so vertieft,
daß sie beinahe das Klingeln zur zweiten Stunde überhört hätten: Mathe! Die Arbeit!

Dritte Folge: Streit auf dem Schulhof

Dani hat Yvonne in der Pause noch einmal die Rechtschrei-
bregel erklärt. Die beiden waren so vertieft, daß sie beinahe
das Klingeln zur zweiten Stunde überhört haben. Schnell setzen sie sich auf ihre Plätze. Da kommt auch schon Frau Bösenberg, die Mathelehrerin, in die Klasse. Sie verteilt die Aufgaben. Dani schaut auf den Zettel.

Kaum erblickt er die vielen Zahlen, fangen sie auch schon an, sich vor seinen Augen zu drehen. Seine Gedanken schwirren im Kopf herum. „Das sind viel zu viele Aufgaben. 17 + 103 + 5756, 17 + 103 + 5756 ... Das kann ich nicht", denkt Dani: „Das schaffe ich nie. Da brauche ich gar nicht erst anzufangen!"

Und sofort fällt ihm ein: *„Ruhig atmen und die Aufgaben fest anschauen!* Die Plusaufgaben kann ich doch ganz gut. Die will ich als erste ausrechnen. Wenn dann noch Zeit ist, mache ich mich an die anderen Aufgaben." Am Schluß hat Dani sieben von den zehn Aufgaben gelöst.

Große Pause! Alle rennen auf den Schulhof. Während Dani sein Schulbrot ißt, spielt er mit einem Stein Fußball. So bemerkt er die drei Jungen aus der fünften Klasse gar nicht, die auf ihn zukommen. Erst als ihn einer anrempelt, guckt Dani hoch. Die anderen fangen sofort an, ihn anzumachen: „Du hast uns absichtlich angerempelt. Gleich wirst du uns kennenlernen!"

„Die suchen Streit." Dani zittert vor Angst, „Die sind viel größer und stärker. Ich bin allein. Ich will weg!" Seine Gedanken überschlagen sich nur so. Hilflos hetzt sein Blick über den Schulhof. Nur keinen anschauen. „Willst du dich nicht endlich entschuldigen?" Das war Andreas, der Stärkste von den dreien, ein ganz übler Typ!

Ihm fällt ein: *Ruhig atmen und Andreas ansehen!* – „Ich habe euch nichts getan. Laßt mich zufrieden." – „Das könnte dir so passen, du Würstchen." Andreas packt ihn. „Du entschuldigst dich, sonst ...", bedeutungsvoll hält ihm Andreas seine geballte Faust unter die Nase. Aber Dani bleibt ruhig. Er sieht sich um. Herr Blumenkohl hat Aufsicht. Aber der sieht gerade nicht her. Dani will ihn gerade zu Hilfe rufen, da kommt ihm eine Idee. „Laß mich los, Andreas, sonst ruf ich meinen Lehrer!"

Andreas zögert einen Moment. Dani merkt, daß Andreas unsicher ist. Das nutzt er aus. Er holt tief Atem und tut so, als ob er gleich rufen will. Tatsächlich läßt Andreas ihn los, und Dani geht rasch weg. Ein bißchen Angst hat er dabei, daß die drei ihn verfolgen. Als er merkt, daß sie ihn in Ruhe lassen, ist die Angst weg, und Dani ist total zufrieden mit sich.

Vierte Folge: Die Deutschstunde

Es klingelt zur dritten Stunde. Dani ist aufgeregt, denn es steht wieder Deutsch auf dem Stundenplan. Aber für diese Stunde bedeutet das nicht einfach Deutsch, sondern Theater-spielen. Die Klasse will nämlich mit Herrn Blumenkohl ein Stück für den nächsten Elternabend einüben. Herr Blumen-kohl kommt in die Klasse. Er lächelt und nickt den Schülern zu. „Also Kinder", fängt Herr Blumenkohl an, „ich dachte, wir führen ein Stück über Till Eulenspiegel auf." Dani ist ge-nauso begeistert wie die anderen Schüler. Über Till Eulen-spiegel haben sie ja im Unterricht viel gelesen und über seine Streiche gelacht. „Damit auch alle Schüler mitspielen kön-nen, werden wir mehrere Streiche aufführen. Und in jedem Stück spielt ein anderer Schüler den Till. Welche Streiche schlagt ihr denn vor?"

„Till als Seiltänzer", „Till und die Honigräuber", „Till und die Apotheker", „Till und die Ärzte". Während die Vor-schläge nur so nach vorne prasseln, träumt Dani: Das wäre doch was, er, Dani, die Hauptrolle in einem Streich. Und klar, daß er so toll spielt, daß alle Zuschauer begeistert sind und wie wild klatschen. Und Yvonne gibt ihm sogar einen Kuß. Ach, ja! – Und genau in diesem Augenblick hört er Yvonnes Stimme: „Und bei Till und die Räuber könnte doch Dani den Till spielen." Erschrocken reißt Dani seine Augen auf. „Ich meine, Dani ist doch nicht so schwer. Da können ihn die Räu-ber doch leicht in dem Korb tragen." Das war wieder Yvonne. Einige Schüler lachen. Panik kommt in Dani hoch: „Ich die Hauptrolle. Das kann ich nicht. Ich bleibe stecken. Die lachen mich ja jetzt schon aus." Und dann überfällt es ihn siedend heiß: „Yvonne hat das bestimmt nur gesagt, um sich über mich lustig zu machen. Gerade Yvonne. Und ich dachte, sie mag mich. Sie hat mich doch in der Rechtschreibstunde um

Hilfe gebeten." Am liebsten würde Dani tot umfallen. Aus! Sein Blick bohrt sich in seinen Tisch. Der Tisch fängt vor seinen Augen an zu flimmern.

Also: Ruhig atmen, Yvonne ansehen! Sie lächelt freundlich: „Wirklich, ich glaube, Dani könnte die Rolle gut spielen. Schließlich hat er ein gutes Gedächtnis. Denkt doch mal an die Regel in Rechtschreibung." – „Sie mag mich doch", jubelt Dani innerlich. Eine andere Stimme mischt sich ein: „Und er ist auch wirklich nicht so schwer. Nur muß er laut sprechen, damit ihn auch alle hören." Das war Andrea, die Klassensprecherin. „Um ehrlich zu sein, ich dachte auch an Dani", meinte abschließend Herr Blumenkohl. Während die weiteren Rollen verteilt werden, ist Dani selig. Yvonne mag ihn doch. Und beim Till, da will er sich ganz viel Mühe geben. Auf dem Weg zur Turnhalle sagt er zu Yvonne: „Danke!" Allerdings kann er nicht verhindern, daß er dabei etwas rot wird. Schnell guckt er sich um, ob die anderen es womöglich gesehen haben. Die rennen aber schnell zur Halle. Herr Blumenkohl hat nämlich bis in die Pause hinein unterrichtet, und Frau Bösenberg mag es nicht, wenn die Schüler zu spät kommen. Typisch! Er schaut Yvonne wieder an und bemerkt, daß auch sie ein bißchen rot geworden ist. „Wir können ja zusammen üben", sagt sie. „Ja, das machen wir", erwidert Dani.

Fünfte Folge: Die Turnstunde

Herr Blumenkohl hatte etwas länger gemacht, so daß die Schüler schnell zur Turnhalle rennen mußten, um nicht zu spät zu kommen. Sie sind so sehr damit beschäftigt, sich schnell umzuziehen, daß sogar die üblichen Rempeleien im Umkleideraum unterbleiben. In der Turnhalle wartet auch schon Frau Bösenberg. Und da steht ein kleines Trampolin und ein großer Kasten davor. Die Schüler setzen sich auf die Bank vor dem Trampolin. Ein strenger Blick von Frau Bösenberg, und die Schüler werden ruhig, hören auf, sich zu schubsen.

„In der letzten Stunde haben wir die Rolle über den Kasten geübt. Heute möchte ich, daß ihr eine Luftrolle über den Kasten macht. Ihr braucht keine Angst zu haben. Ich helfe euch dabei." Dani hat schon oft zu Hause mit seinem Vater Salto geübt und kann ihn auch ziemlich sicher. Als Frau Bösenberg fragt: „Wer möchte anfangen?", da drängt es Dani, den Finger zu heben. Aber dann guckt er auf den Kasten und zögert. Und dann kommt ihm Susi zuvor. „Immer muß sie sich vordrängeln, nur weil sie im Verein ist", denkt Dani. Gleichzeitig ist er aber auch ein bißchen erleichtert.

Die Reihe vor ihm wird immer kleiner. Und je näher er dem Kasten kommt, um so größer erscheint ihm dieser. Er zählt die Schüler: drei, zwei, einer. Jetzt ist er dran. Der Schweiß rinnt ihm aus allen Poren. Seine Hände sind ganz feucht, und die Beine werden immer schwerer, so schwer, daß er sie nicht bewegen kann. Seine Gedanken kreisen nur um die eine verzweifelte Feststellung: „Das schaffe ich nie!" Wie bei einem gehetzten Tier irrt sein Blick hilfesuchend durch die Halle. So, Dani, jetzt deine Formel anwenden: *„Tief durchatmen, Gedanken ordnen und den Kasten fest ansehen. Zu Hause mit Vati habe ich es doch gekonnt. Sogar ohne Trampolin."* Und schon sieht der Kasten kleiner aus. Dani rennt, sieht den Kasten genau an und springt. Frau Bösenberg gibt Hilfestellung. Geschafft! Ein hervorragender Salto!

Immer wieder üben die Schüler. Zwei, drei Schüler kommen schon im Stand auf die Matte, ohne Hilfe. Jedesmal klatscht die ganze Klasse. Beim fünften Mal schafft es auch Dani. Alle klatschen. Dani macht vor Freude einen kleinen Luftsprung. Manfred spricht ihn an: „Wie machst du das, Dani?"

„Du mußt das Kinn auf die Brust nehmen und einen Buckel machen", erklärt ihm Dani. Nach der Sportstunde ist für heute Schulschluß. Eigentlich hätten sie noch eine Stunde bei Herrn Blumenkohl: Sachkunde. Aber die fällt aus, weil Herr Blumenkohl zu einem Lehrgang muß. Toll, daß Lehrer auch mal was lernen müssen.

Sechste Folge: Der Nachhauseweg

Nach der Turnstunde beeilt sich Dani mit dem Anziehen. Er hofft darauf, Yvonne vor der Halle zu treffen und ein Stück mit ihr zu gehen. Auch wenn es ein Umweg ist. Aber sie ist schon weg. „Vielleicht mag sie mich doch nicht", denkt er. „Sonst hätte sie doch auf mich gewartet." Nachdenklich und voller Zweifel macht Dani sich auf den Nachhauseweg. Beinahe hätte er sie wieder übersehen, die Schüler aus der 5. Klasse. Und mitten unter ihnen Andreas. Sein Herz fängt so heftig an zu pochen, daß es alle hören müßten.

Er denkt an die große Pause, und ihm wird ganz komisch im Bauch. „Was machen die hier überhaupt? Die haben doch noch Unterricht. Jetzt werden sie mich verkloppen. Ich will weg. Wäre ich doch schon zu Hause." Seine Gedanken überschlagen sich, während sein Blick hin und her hetzt. Er merkt seine Angst und erinnert sich: *Tief durchatmen, Gedanken ordnen und die Gruppe fest ansehen.* Andreas schiebt sich auf ihn zu. Sofort steigt in Dani wieder die Angst hoch. Da sagt einer aus der Gruppe: „Laß ihn, Andreas. Wir haben keine Zeit für solche Spielereien. Wir müssen pünktlich in der Schule sein, sonst kommt es raus, daß wir draußen waren. Dann gibt es Ärger."

„Hast schon recht. Lohnt sich wirklich nicht, diese halbe Portion." Andreas gibt ihm einen Schubs und rennt mit den anderen weg. Erleichtert geht Dani weiter. Zu Hause steht schon das Essen auf dem Tisch. Die Mutter will noch in die Stadt, um einen neuen Teppich fürs Wohnzimmer zu kaufen. Es gibt Linsen. Ausgerechnet Linsen. Die mag Dani besonders gerne. Nach dem Essen muß er beim Abwaschen helfen: abtrocknen. Und draußen scheint die Sonne. „Trödle nicht so!" Die Mutter hat es eilig. Und da macht es auch schon „Klirr!" Ein Teller. Dani bekommt einen Schreck: „Das wollte ich nicht. Jetzt gibt es ein Donnerwetter. Aber dafür kann ich nichts. Warum hetzt sie mich auch so. Ob sie mich jetzt haut? Nur nicht Mutti anschauen!"

Also: Gedanken ordnen und Mutti anschauen. „Das wollte ich wirklich nicht. Entschuldige."

„Na ja, ist nicht so schlimm. Fege die Scherben gleich auf! Und paß in Zukunft besser auf! Daß das nicht noch einmal vorkommt!" Und während Dani fegt, sagt sie noch: „Ich fahre jetzt los. Vergiß die Hausaufgaben nicht. Ich bin um sechs Uhr zurück. Dann seh ich sie mir noch an." Während Dani weiter abtrocknet, geht die Tür zu. Dani nimmt sich fest vor, die Hausaufgaben nicht zu vergessen.

Siebte Folge: Das Fußballspiel

Die Sonne lacht durchs Fenster. Dani packt seine Schultasche aus. Nicht sehr schnell. Unlustig schiebt er die Hefte, das Schreibzeug, die Bücher hin und her. „Was haben wir überhaupt zu morgen auf?" überlegt er, „Ach, nur Rechtschreibung, das mache ich mit links." Und die Sonne lacht.

„Bevor ich anfange, muß ich doch unbedingt mal rausgucken, was unten so los ist." Dani geht zum Fenster. Von hier aus kann er gut den Spielplatz mit dem Fußballfeld sehen. Noch ist dort nicht viel los. Mit einem Seufzer setzt er sich hin. Ich werde noch schnell was trinken. Dann geht die Arbeit viel besser. Während er aufsteht, hört er draußen lautes Fahrradgeklingel. Natürlich muß er unbedingt wissen, was da los ist. Er rennt zum Fenster. Ein paar Jungen stellen ihre Fahrräder am Spielplatz ab. Einer von ihnen hat einen Fußball dabei. Als Dani das sieht, kribbelt es richtig in seinen Beinen. Er ist nämlich am liebsten Torwart. „Nein, Mutti hat doch gesagt, erst die Schularbeiten machen!" Und die Sonne lacht.

„Ach was! Ich gehe erst ein bißchen Fußballspielen und mache die Hausaufgaben danach. Kann mich dann auch besser konzentrieren. Ist ja noch viel Zeit." Und schon rennt er los. Die Jungen haben die Mannschaften gewählt, das Spiel fängt gerade an, als Dani unten ist. Er stellt sich an den Rand des Spielfeldes und guckt, ob jemand mitspielt, den er kennt. Da sieht er Martin. Der geht in seine Klasse. Dani hofft, daß Martin ihn sieht. Und nicht nur sieht, sondern auch fragt, ob er mitspielen möchte. Aber keiner beachtet ihn. Allmählich wird es Dani unbehaglich, nur so herumzustehen. „Ob ich mal fragen soll?"

Je länger er zögert, um so trockener wird sein Mund: „Was soll ich sagen? Die lassen mich ja doch nicht mitspielen. Wen soll ich fragen?" Er spürt, wie er immer nervöser wird, und dabei fällt ihm die die Formel ein: *„Gedanken ordnen und Martin ansehen!"* Dani gibt sich einen Ruck. Ein bißchen bange ist ihm schon, als er auf Martin zugeht. „Kann ... kann ich mitspielen?" Beinahe wäre ihm die Stimme weggeblieben, so trocken ist sein Mund. „Was willst du?" fragt Martin, der ihn nicht verstanden hat. „Mitspielen!"

„Du siehst doch, wir sind vollständig. Außerdem sind wir schon mitten im Spiel." Enttäuscht wendet sich Dani ab und denkt: „Hab ich ja gewußt." Gerade als er das Spielfeld verlassen hat, hört er einen Aufschrei. „Mist! Ausgerechnet jetzt!" Neugierig geht er zu den Jungen, die um den Ball stehen, der ganz flau ist. Die Jungen stehen mit hängenden Köpfen da. „Was machen wir jetzt?" Erstaunt hört Dani sich selbst sagen: „Ich kann doch meinen Ball holen." Ein Junge sagt abfällig: „Ist bestimmt auch nur so ein Ei." Aber sie gucken ihn interessiert an. „Nein, bestimmt nicht. Ist nagelneu. Ein Worldcup-Ball!" Und schon flitzt Dani los. In der Wohnung muß er an dem Tisch mit den Hausaufgaben vorbei. Einen Augenblick zögert er: „Hat noch Zeit. Die brauchen mich jetzt."

Ein bißchen außer Atem kommt er unten mit seinem Ball an: „Hier!" Er hält ihn den Jungen hin. Die drücken den Ball: „Geil!" Dani zögert etwas, dann: „Ich will aber mitspielen – im Tor!" Großzügig erlaubt ihm die Mannschaft, die führt, bei den anderen ins Tor zu gehen. „Die seifen wir trotzdem ein."

Glücklich läuft Dani zum Tor. Und das wird hart bedrängt. Immer wieder greifen die anderen an. Das 2:0 scheint in der Luft zu liegen, da foult Martin einen Gegenspieler im Strafraum. „Elfmeter!" Aller Protest hilft nichts. Norbert, ein Spieler mit einem Bombenschuß, legt sich den Ball hin. Dani hat das Gefühl, alle starren ihn an: „Das Ding hält der nie!"

Sogar die eigenen Spieler scheinen das zu denken. Dani schwitzt: „Was habe ich mir da eingebrockt! Das schaffe ich nicht. Wäre ich doch nur bei den Hausaufgaben geblieben!" Sein Blick jagt von einem Jungen zum anderen. Aber keinen sieht er wirklich an. Er merkt wieder seine Aufregung und denkt sofort: *Gedanken ordnen und Norbert fest ansehen!* Der läuft gerade an, holt aus und schießt. Aber er trifft den Ball nicht so richtig. Jedenfalls kommt der Ball direkt auf Dani zu. Er hält sein rechtes Bein hin, erwischt ihn mit dem Knie. „Ecke!"

Martin haut Dani vor lauter Freude kräftig auf die Schulter. Es tut ein bißchen weh, aber das spürt Dani kaum. Danis Mannschaft jubelt. Irgendwie klappt es von da an bei den anderen nicht mehr so recht. Die Luft scheint raus zu sein. Und Danis Mannschaft wird immer besser. Schließlich schießt Martin ein Tor, und das Spiel endet unentschieden 1:1. Die anderen maulen: „Ihr hattet ja auch einen Mann mehr. Sonst hätten wir bestimmt gewonnen."

Martin kommt auf Dani zu. „Ohne dich hätten wir bestimmt verloren. Hast du Lust, mit Angeln zu kommen?" Dani wird ganz rot vor Freude, einen Augenblick zögert er und denkt: „Eigentlich müßte ich ja ... Ach, was, das schaffe ich noch lässig." Und zu Martin. „Gerne. Aber nur eine Stunde. Muß noch die blöden Hausaufgaben machen." Er bringt den Ball hoch: „Nur nicht die Deutschsachen anschauen!" Dann holt er sein Fahrrad, die Angel und schon geht es los. Sie fahren zu einem kleinen See. Die Angeln werden ausgeworfen. Aber es gibt noch so viel über Fußball zu erzählen, über das Spiel und über die Bundesliga, daß sie gar nicht so richtig bei der Sache sind. Kein Wunder, daß sie nichts fangen. Aber das stört sie auch nicht weiter. Die Zeit vergeht wie im Fluge. Und als Dani zur Uhr guckt, bekommt er einen tüchtigen Schreck: „Mein Gott! Schon zehn Minuten nach fünf. Ich muß los!" Er springt auf, packt seine Sachen und ruft dem verdutzten Martin zu: „Wir können uns ja morgen wieder treffen."

„Okay.", antwortet der. Glücklich rast Dani nach Hause.

Achte Folge: Der Abend

Dani hat beim Fußballspielen und Angeln ganz die Zeit und die Hausaufgaben vergessen. Jetzt ist es schon 17 Uhr und 10 Minuten – ob er es noch schafft? Er rennt schnell nach Hause. Vor der Haustür trifft er Britta. Britta geht nicht nur in seine Klasse, sie ist auch noch die beste Freundin von Yvonne. Yvonne, die hat er beim Fußballspielen ganz vergessen. „Du hast es aber eilig", spricht ihn Britta an. „Halt mich nicht auf. Ist meine Mutter schon oben?"

„Weiß ich nicht! Warum?" – „Ich muß die blöden Hausaufgaben fertig haben, bevor sie kommt. Sie ist in der Stadt." Dani ist schon fast auf der Treppe, als er hört: „Vielleicht trifft sie da ja Yvonne."

„Yvonne? Warum?" Er kommt neugierig zurück. „Na, Yvonne ist doch mit ihrer Mutter auch in der Stadt. Zeug kaufen. Die Mutter hat sie doch gleich nach der Schule abgeholt."

„Ach, so ist das." Erleichtert läuft er die Treppe rauf. Deshalb hat sie nach der Turnstunde nicht auf ihn gewartet. Richtig freuen kann er sich aber nicht. Ob Mutti schon oben ist? Sie ist nicht da! Ein Stoßseufzer. „Jetzt aber ran!" Der Füller fliegt nur so über das Papier. „Mist, falsch geschrieben. Tintenkuli? Keine Zeit: Drüberschreiben! Verflucht, schon wieder. Ich muß es schaffen."

Dani hat Glück. Gerade legt er die Deutschsachen weg, da kommt die Mutter. Sie strahlt. Noch im Ausziehen fragt sie: „Alles in Ordnung?" Fast beleidigt sagt Dani: „Klar, was hast du gedacht?" – „Na, dann zeig doch mal dein Heft." Jetzt wird ihm doch ein wenig mulmig zumute. „Also, ich muß schon sagen! Eine Schrift! Das hast du nur so hingeschmiert. Also, wenn das Vati sieht."

Schnell lenkt Dani ab: „Hast du den Teppich gekauft?" Es klappt. Die Mutter freut sich zu sehr über das neue Stück, als daß sie sich wegen der Hausaufgaben weiter aufregen möchte: „Ja, morgen wird er geliefert. Schon morgen." Inzwischen ist auch der Vater gekommen. Während des Abendessens wird ausführlich über den neuen Teppich geredet: Sein Muster, wann er kommt, wo er hingelegt werden soll. Eigentlich langweilig. Ist doch schon alles bekannt. Dennoch beteiligt sich Dani eifrig am Gespräch. Solange es um den Teppich geht, geht es nicht um das Deutschheft. Und er hat wieder Glück. An seine Hausaufgaben denkt niemand mehr. Sogar nach der Mathearbeit fragen sie nicht. Nach dem Essen darf Dani noch bis 20 Uhr fernsehen. Dann heißt es: „Dani, es wird Zeit!"

Während er sich wäscht und die Zähne putzt, arbeitet es in ihm: „Soll ich? Wie sag' ich es aber? Wem? Vielleicht lachen sie mich nur aus?" Er kommt ins Wohnzimmer zurück und schwankt noch immer. „Willst du noch etwas?" fragt Vati, der wohl etwas gemerkt hat. Dani holt tief Luft und denkt: „Vati direkt anschauen!" und dann: „Ich will nicht, daß mich alle ‚Dani' nennen. Schließlich bin ich kein kleines Kind mehr!" platzt es aus ihm heraus. Zugleich ängstlich und trotzig. Er schaut auf den Fußboden. Gleich passiert es. Gleich passiert es. Gleich wird sich Mutti wieder einmischen und sagen: „Aber ‚Dani' ist doch so niedlich." Endlos dehnen sich die Sekunden. Aus einem Augenwinkel sieht Dani, wie Vati nachdenklich zu Mutti guckt. Irgendwie kommt er sich verloren vor. „Hätte ich doch bloß nichts gesagt. So schlimm ist es doch gar nicht, denkt er."

Der Vater guckt ihn an: „Du hast recht, mein großer Junge." Seine Stimme klingt fest und weich zugleich. Und während sich Mutti und Vati zulächeln, wieder zu Dani: „Aber auch große Jungen müssen pünktlich in die Falle. Also: Daniel!" Beide lächeln ihn an. Glücklich gibt Daniel Mutti und Vati einen Kuß. Und während er ins Bett geht, denkt er: „Was für ein Tag!"

Julia

(Christiane Nebel)

Die folgenden Geschichten von Julia sind insofern etwas anders als die vorhergehenden Geschichten, da sie stärker den Bereich der Phantasie in das Alltagsgeschehen mit einbeziehen. Die Welt des Kindes bewegt sich ständig zwischen Realität und Phantasie. Kinder besitzen oft eine besondere bildhafte Vorstellungsfähigkeit, die sie Geschichten erfinden, in Tagträume versinken läßt und sie wegführt von der Realitätsbezogenheit, die für das erwachsene Denken typisch ist.

Phantasiefähigkeit ist jedem Menschen angeboren. Sie hat positiven Einfluß auf die seelische Entwicklung, erhöht die Erlebnisfähigkeit, sensibilisiert die sinnliche und soziale Wahrnehmungsfähigkeit (vgl. Bruno Bettelheims „Kinder brauchen Märchen"). Mit Hilfe der Phantasie lassen sich Alltagsgrenzen überschreiten. Sie kann positiv genutzt werden, in dem sich durch sie vielfältige Bewältigungsmöglichkeiten erschließen lassen.

In den Julia-Geschichten sind Phantasieelemente in Form des Tagtraumes eingearbeitet. Dafür sind Selbstinstruktionen und Entspannungsformeln auf ein Minimum reduziert. In der Phantasie erfährt die kindliche Hauptperson neue, auch ungewöhnliche Ideen und Anregungen für Bewältigung von schwierigen Situationen und lernt, diese Lösungsmöglichkeiten in das Alltagshandeln zu integrieren.

Die in den Tagträumen aktivierte Phantasie ist außerdem eine gute Möglichkeit, innere Spannungen abzubauen und dadurch zu mehr Ruhe und Gelassenheit zu gelangen. Ruhige Phantasiegeschichten sehen wir als wichtige Ergänzung zu den Entspannungsübungen für Kinder. Die bildhafte Sprache wirkt darüber hinaus zusätzlich vertiefend.

160

Erste Folge: Julia soll aufräumen

Julia lebt mit ihren Eltern in einer Erdgeschoßwohnung einer kleinen Wohnanlage. Zu ihrer Wohnung gehört ein klitzekleiner Garten. Dahinter ist der Spielplatz.

Heute hat Julia schlechte Laune, weil sie ihr Zimmer aufräumen soll. Immer soll alles ganz ordentlich aussehen, wenn Tante Bea übers Wochenende zu Besuch kommt. Mißmutig sammelt sie die Mickymaus-Hefte vom Boden auf und packt sie in das Bücherregal. Sie legt die Barbies und Ken, den ihr Oma zu Weihnachten geschenkt hat, in den Barbiekoffer. Auch das große Puzzle soll wieder in den Karton zurück. Und dabei hat sie sich solche Mühe damit gemacht. Sie fühlt sich unglücklich und traurig, daß sie das schöne braune Pferd mit der langen, wehenden Mähne wieder kaputtmachen soll. Als ihre Mutter den Kopf zur Tür hereinstreckt und sie fragt, wie weit sie ist, möchte sie am liebsten losheulen. „Was hast du?" fragt die Mutter. Aber Julia hat einen Kloß im Hals und bringt kein Wort heraus. Sie hat Angst, daß die Mutter mit ihr schimpft oder sie auslacht. Außerdem ist sie auch etwas wütend, auf die Mutter, auf Tante Bea und überhaupt auf die ganze Welt. Immer soll sie machen, was andere sagen, auch wenn sie überhaupt keine Lust dazu hat. „Keiner hat mich richtig lieb", denkt sie. Doch dieser Gedanke macht sie noch unglücklicher und eine dicke Träne kullert über ihre Backe. Als sich die Mutter zu ihr hinunterbeugt, spürt Julia, daß sie ganz aufgeregt ist und nervös an ihren Haaren herumfummelt. Die Mutter versucht, Julia zu beruhigen, und setzt sich neben sie auf den Boden. „Ja, möchtest du denn nicht ein schönes, ordentliches Zimmer haben, wenn Tante Bea kommt?" – „Ich möchte mein Pferdepuzzle nicht kaputtmachen", schluchzt Julia und wischt sich die Tränen aus den Augen. „Aber ich wußte doch gar nicht, daß es dir so wichtig ist. Wenn ich das gewußt hätte, hätte ich doch nicht gesagt, daß du es wegräumen sollst." Die Stimme der Mutter klingt freundlich, und Julia fühlt sich schon ein wenig besser. Sie atmet tief durch und spürt, daß sie dadurch ruhiger wird und wie der Kloß in ihrem Hals verschwindet. Jetzt kann sie ihre Mutter ansehen, und dabei kommt ihr eine Idee. Sie fragt erstaunt: „Meinst du damit, daß ich sagen soll, was mir wichtig ist, und ich dann nicht immer machen muß, was du und die anderen von mir wollen?" – „Ja, genau! Denn wenn du nicht sagst, was du willst oder denkst, kann es passieren, daß du das Gefühl bekommst, daß du immer machen mußt, was die anderen sagen, und daß du denkst, daß sich niemand für dich interessiert." Dieses Gefühl kennt Julia nur zu gut. Aber sie kann sich auch noch nicht vorstellen, ihre Meinung zu sagen. Würde sie sich aber trauen, dann würde sie zu Teresa sagen: „Hau doch ab, und spiele mit jemand anderem, wenn ich nur machen soll, was du möchtest". Sie würde Jenny, die Neue in der Klasse, fragen, ob sie ihre Freundin sein möchte. Sie würde auch nicht mehr weglaufen, wenn der dicke Sven aus dem Nachbarhaus sie hänselt, sondern einfach so tun, als sei er Luft. Ja, als sei er Luft! Und Julia stellt sich vor, wie sie den zu Luft gewordenen Sven in einem Luftballon zerplatzen läßt und wie sie sich freut, daß er sie dann nicht mehr ärgern kann. Sie spürt, daß sie sich bei diesen Gedanken richtig gut und stark fühlt. Sie fühlt sich plötzlich ganz leicht und wunderbar. „Vielleicht traue ich mich und probiere es einmal aus", denkt Julia zuversichtlich. „Warum soll ich es nicht gleich ausprobieren? Vielleicht ist es gar nicht so schwer, wie ich denke?"

Dann schaut sie ihre Mutter an, und ihr Herz klopft ganz laut, als sie leise sagt: „Ich möchte das Puzzle nicht wegpacken. Es soll als Bild an der Wand hängen." Als Julia das gesagt hat, fühlt sie sich erleichtert, denn es war nicht so schlimm, wie sie gedacht hatte. „Das ist eine gute Idee, Julia, darauf wäre ich gar nicht gekommen", antwortet die Mutter. „Na ja", denkt Julia und ist fröhlich, „darauf kommt auch nur, wer weiß, was er will. Mama weiß eben doch nicht so genau, was ich möchte. Wie hätte sie darauf auch kommen sollen, wo sie an ihre Wände nur die langweiligen Kunstbilder hängt."

Während die Mutter in den Keller läuft, um den Puzzlekleber zu holen, räumt Julia weiter auf, und sie spürt, daß es ihr schon bessergeht, obwohl sie immer noch keine Lust hat, ihr Zimmer aufzuräumen. „Na ja", denkt sie, „irgendwann muß ich es ja doch machen", legt eine Kassette ein und macht weiter.

Zweite Folge: Die Mut-Murmel

Während Julia ihre schmutzige Wäsche vom Boden aufsammelt und in den Wäschebehälter packt, denkt sie daran, daß sie jetzt gerne mit Jenny, der Neuen in ihrer Klasse, spielen würde. Julia wünscht sich so sehr eine richtige Freundin. Eine Freundin, die wirklich zu ihr hält. Aber nicht so eine wie Teresa, die nur mit ihr spielt, wenn andere Kinder keine Zeit haben. Jenny wäre sicher eine richtig gute Freundin, auf die sie sich verlassen könnte. Sie könnte Jenny das neue Karussell auf dem Spielplatz zeigen und ihr kleines Blumenbeet im Garten. Und Julia stellt sich vor, wie schön das sein könnte.

Julia muß aufpassen, daß sie nicht zu träumen anfängt, denn sie wäre jetzt überall lieber als in ihrem unordentlichen Zimmer. Als sie nach einigem Suchen das lila Leinensäckchen gefunden hat, beginnt sie mit dem Aufsammeln der überall im Zimmer herumliegenden Glasmurmeln. Plötzlich fällt ein Sonnenstrahl auf die blau-grün schimmernde Murmel in ihrer Hand. Das sieht toll aus, und Julia beginnt zu träumen. Sie träumt, daß die Murmel größer und größer wird, bald so groß wie Julia selbst. Erst ist Julia sehr erschrocken. Aber dann denkt sie, daß alles nur ein Traum ist. Sie faßt allen Mut zusammen und berührt die buntschillernde Kugel. Plötzlich ist sie mitten in der Kugel drin.

Sie steht auf einer großen grünen Wiese mit vielen bunten Blumen, hört lustiges Vogelgezwitscher und spürt die warme Sonne auf ihren Armen. Doch hat sich da drüben nicht etwas bewegt? Julia spürt, wie vor Schreck ihr Herz laut zu pochen beginnt, sie möchte am liebsten unsichtbar sein oder weglaufen, aber sie bleibt wie angewurzelt stehen. Sie hat Angst und wünscht sich zu wissen, was man in solch einer Lage tut. Plötzlich taucht ein Mädchen hinter einer Hecke auf. Es ist etwa so groß und so alt ist wie Julia. „Ich heiße Andrea. Hab keine Angst und laufe bitte nicht weg!" Am liebsten möchte Julia ganz schnell zurück in ihr Zimmer, aber die Neugierde hält sie zurück. *„Ganz ruhig bleiben, erst mal abwarten",* sagt sich Julia. „Was kann sie von mir wollen", denkt Julia und versucht, sich zu konzentrieren. Nachdem eine Weile nichts geschieht, spürt Julia, wie ihre Aufregung verschwindet. Sie traut sich, Andrea genauer anzusehen. Dabei stellt sie fest, daß Andrea eigentlich ganz nett aussieht und einen ruhigen und freundlichen Eindruck macht. „Bleib doch noch ein bißchen hier", sagt Andrea „du warst so mutig, in die Kugel hereinzukommen. Bitte hab noch ein bißchen Mut und bleibe hier." Aber Julia ist doch etwas mulmig zumute, und sie weiß nicht, was sie machen soll. „Früher habe ich mich auch nicht getraut und Angst gehabt. Aber dann habe ich gelernt, mutiger zu sein", sagt Andrea. „Sollte es noch mehr Kinder geben, denen es so geht wie mir?" denkt Julia und kann sich das gar nicht richtig vorstellen. Während sie zusammen über die Wiese schlendern, erzählt Andrea, wie sie es gelernt hat, mutiger zu werden und nicht mehr so traurig und ängstlich zu sein.

Andrea erzählt, daß sie lange Zeit in der Schule keine Freundin gehabt hatte und keiner mit ihr spielen wollte und wie sie sich nicht getraut hatte, zu sagen, was sie wollte. „Das ist ein ganz mieses Gefühl", sagt Julia, die das gut verstehen kann. „Ich wünschte mir, mutiger zu sein", sagt Andrea, „aber ich wußte nicht, wie ich das werden sollte." – „Hast du dich denn nicht getraut, zu sagen, was du möchtest?" – „Doch, aber erst, als mir klar wurde, daß die anderen dachten, daß ich nicht mit ihnen spielen wollte. Wie hätten die auch wissen sollen, daß ich mitspielen wollte, wenn ich nur in der Ecke stand und den Boden und die Luft anguckte. Die dachten, ich wollte nicht mit ihnen spielen. Und ich dachte, die wollten nicht mit mir spielen. Ganz schön blöde Sache, was?" – „Das kannst du laut sagen", meint Julia und überlegt, ob das auch bei ihr so sein könnte. „Irgendwann habe ich mich dann getraut und gefragt, ob ich mitspielen darf", sagt Andrea, „und das war leichter, als ich gedacht hatte."

Wenn Andrea das geschafft hat, dann schaffe ich das bestimmt auch, denkt Julia und nimmt sich fest vor, bei der nächsten Gelegenheit Jenny zu fragen, ob sie ihre Freundin sein möchte.

Inzwischen sind Julia und Andrea an einem kleinen roten Häuschen mit Grasdach und bunten Fensterläden angekommen. Vor dem Haus auf der Bank liegt ein junges, getigertes Kätzchen, das in der Sonne döst und sich nicht stören läßt. Andrea erklärt Julia, daß sie hierherkommt, wenn sie ihre Ruhe haben möchte. „Hier kann ich mich toll entspannen oder einfach nur vor mich hinträumen, hier kann ich Dinge vergessen, die nicht so wichtig sind, und mir überlegen, was ich möchte", sagt Andrea.

„O je, ich muß ja wieder nach Hause, ich weiß gar nicht, wie lange ich schon hier bin", sagt Julia, während sie noch überlegt, an welchem Ort sie sich entspannen kann. „Warte, ich begleite dich ein Stück", sagt Andrea und läuft fröhlich neben Julia her. Als beide am Rand der Kugel angekommen sind, holt Andrea etwas kleines Rundes aus ihrer Tasche und drückt es Julia in die Hand. „Das ist ein kleines Geschenk von mir. Es soll dich an mich erinnern und auch daran, daß du nicht vergißt, Mut zu haben, wenn du ihn brauchst. – Habe Mut, dann wird alles gut", sagt Andrea zum Abschied und ist genau so schnell wieder weg, wie sie gekommen ist.

Julia fühlt sich so, als wäre sie gerade aus einem Traum erwacht. Sie sitzt auf dem Boden ihres Kinderzimmers mit einer kleinen grün-blau schimmernden Murmel in der Hand, die sich jetzt ganz warm anfühlt. Sie schaut sich die Murmel ganz intensiv an und glaubt darin ein kleines rotes Haus mit einem Grasdach zu erkennen. „Habe ich das doch nicht geträumt?" denkt sie. Sie beschließt, daß die Murmel in Zukunft ihre Mut-Murmel sein soll, die sie daran erinnern soll, mutig zu sein. Dann legt Julia die Murmel in das kleine Muschelschmuckkästchen auf ihrem Nachttisch. Sie würde sonst bei all den vielen Murmeln auf dem Fußboden ja nicht mehr wissen, welche ihre Mut-Murmel ist.

Dritte Folge: Auf dem Spielplatz

Julia ist gerade dabei, ihr Lieblingsgericht „Spaghetti mit Tomatensoße" zu essen, als es an der Haustür zweimal läutet. „Iß nur weiter", sagt ihre Mutter, „ich mache auf, das wird Frau Frohbein sein, die meine Zeitschriften zurückbringt." Dann hört Julia, wie Ines, die eine Etage höher wohnt und zwei Jahre jünger ist, ihre Mutter fragt, ob Julia mit auf den Spielplatz kommen könnte.

Eigentlich wollte Julia sich heute einen gemütlichen Nachmittag machen. Außerdem hat sie mitbekommen, daß ihre Mutter einen Arzttermin hat. Da könnte sie sich in aller Ruhe die neue Dino-Serie anschauen. Julia hat diese Woche eigentlich Fernsehverbot, weil sie die letzte Mathearbeit verhauen hat, und da nutzt sie natürlich die Zeit, in der keiner zu Hause ist, um die Flimmerkiste anzustellen. Julia hofft, die Angelegenheit für sich regeln zu können, und erzählt ihrer Mutter, daß sie heute ganz viele Mathehausaufgaben zu erledigen hat. Doch ihre Mutter meint, daß es Julia nicht schaden könnte, ein bißchen frische Luft zu schnappen. Danach könne sie sicher konzentrierter arbeiten. Ines drängelt schon, und obwohl Julia keine Lust hat, geht sie mit.

Mies gelaunt trottet Julia hinter Ines her. Sie gibt einer Coladose, die auf dem Gehsteig liegt, einen kräftigen Tritt, so daß sie auf der anderen Straßenseite landet. Lars und Teresa sitzen bereits auf dem neuen Karussell und rufen Dirk zu, daß er noch mehr Schwung geben soll. Dirk und Lars, auch das noch! Die ärgern Julia in der Schule schon oft genug, und jetzt sind sie auch noch auf ihrem Spielplatz. Die hat bestimmt Teresa hierher geschleppt, um mit dem neuen Karussell anzugeben, denkt Julia. Kaum daß Lars Julia und Ines bemerkt, tuschelt er mit Teresa, und alle drei schauen in ihre Richtung und kichern. Sicher läßt Lars wieder einen seiner blöden

Sprüche los, denkt Julia und würde am liebsten wieder umkehren, als sie ein komisches Kribbeln im Bauch spürt.
„Warum mögen die mich nicht leiden", fragt sie sich. Aber sie
weiß keine Antwort darauf. „Wollen wir nicht lieber schaukeln?" fragt Julia Ines, weil sie jetzt nicht mehr traut, das
neue Karussell auszuprobieren. „Hoffentlich lassen die mich
in Ruhe", denkt Julia. Doch denkste! „Bist du heute Babysit-
ter oder was?" versucht Teresa Julia zu ärgern. „Das ist gemein", denkt Julia. Nur weil Lars und Dirk hier sind, tut sie
so cool und spielt sich auf. Sonst ist sie immer ganz froh,
wenn sie mit mir und Ines spielen kann. Julia bemüht sich,
und bleibt ruhig, tut so, als habe sie nicht gehört, was Teresa
sagt. „Wir möchten auch mitspielen", ruft Ines Dirk zu, der
dem Karussell laut schreiend Schwung gibt. „Für Kleinkinder
mit ihren Aufpassern verboten", gibt Dirk grölend zur Antwort und streckt seinen Arm aus. Julia springt schnell zur
Seite, um Dirks Arm nicht voll ins Gesicht zu bekommen.
Dirk und Teresa finden das lustig. Jetzt macht sich Teresa
auch noch lustig über sie. Nein, wie ist das gemein! Am liebsten möchte Julia nie, nie wieder Teresas Freundin sein.
„Komm, wir schaukeln, das bringt auch Spaß", sagt Julia zu
Ines und wendet sich den Schaukeln zu. „Angsthase, Pfeffer-
nase." Das ist wieder Lars. Julia ärgert sich, aber sie weiß
nicht, was sie machen soll. Sie möchte so gerne mit dem
neuen Karussell fahren, aber vor Dirk und Lars hat sie einfach
zu viel Angst. „Ich will aber nicht schaukeln", sagt Ines und
ruft mit lauter Stimme: „Sofort anhalten, anhalten, Fahrgast-
aufnahme." Julia staunt nicht schlecht, als das Karussell
stoppt und Dirk „Beeilung beim Aufsteigen" ruft. Julia hätte
sich das nicht getraut und findet es ganz toll, daß Ines keine
Angst vor Dirk hat. „Anhalten, aussteigen!" schreit Ines ganz
laut. Und plötzlich steht das Karussell still, und Ines springt
herunter. „Los, alle wieder einsteigen", ruft Teresa und Dirk
beginnt schon wieder Schwung zu geben.

Julia faßt all ihren Mut zusammen, atmet tief ein und aus
und springt auf das Karussell auf. Als sich das Karussell immer schneller dreht, hält sich Julia an Ines und Teresa fest. Sie

schreit ganz laut, aber nicht nur, weil es ihr Spaß macht. Sie schreit auch, weil sie ein bißchen Angst hat herunterzufallen, und wenn sie schreit, geht es ihr besser. Plötzlich merkt Julia, daß sie sich gar nicht mehr an ihren Freundinnen festhält und daß sie keine Angst mehr hat. Sie versucht es Ines nachzumachen und ruft laut „schneller, schneller" und wundert sich, daß Lars wie verrückt Schwung gibt. Dann faßt sie allen Mut zusammen, ruft „Stopp" und kurz darauf „Mit Volldampf weiter" und freut sich, daß alle bei ihrem Spiel mitmachen. „Das ist ja toll", denkt Julia, „die machen, was ich sage." Sie freut sich, daß sie mitspielen kann, und ist stolz auf sich, daß sie sich traut, mitzuspielen. Ihre Haare flattern im Wind, die Häuser fliegen ganz schnell an ihr vorbei. Sie schaut nach oben und sieht über sich die Äste der großen Kastanie, deren Blätter und Blüten sie nicht mehr auseinanderhalten kann. Nur grün-weiße Farbkleckse sind zu erkennen und dazwischen einige Tupfen himmelblau und gelbglitzernde Pfeile, die die Sonne durch die Äste schießt. „Juhu, ich fliege!" Das Karussell dreht sich weiter und weiter. Es bringt Julia unheimlichen Spaß, sich im Kreis zu drehen. Jetzt möchte Dirk auch einmal fahren, und Lars und Teresa geben kräftig Schwung. Dirk kaspert herum, tut so, als würde er gleich herunterfallen und als sei ihm speiübel. Das sieht urkomisch aus, und Julia lacht und freut sich über all den Spaß, den sie hat.

Teresa und Lars lassen plötzlich das Karussell los, um zu Marc rüber zu laufen, der gerade mit seinem Crossrad angefahren kommt. Er hat seinen Gameboy dabei und gibt ein bißchen mit seinem neuen Super-Mario-Spiel an. „Heute werde ich es bestimmt schaffen und die Prinzessin befreien", sagt Marc, während er ganz konzentriert und hastig auf die Knöpfe drückt. Alle stehen jetzt um Marc herum und würden auch gerne einmal spielen. Aber Marc möchte nur Goldmünzen sammeln, um in die nächste Welt zu kommen, und er hört die anderen gar nicht. „Zusehen ist langweilig", denkt Julia. Dabei fällt ihr auch wieder ein, daß sie noch Mathehausaufgaben zu machen hat, und daß jetzt gerade die Dino-Serie im Fernsehen läuft, und sie macht sich auf den Weg nach Hause.

Vierte Folge: Der Sonntagsausflug

Heute ist Sonntag. Es ist noch früh am Morgen. Julia liegt auf ihrem Bett und hört sich ihre TKKG-Lieblingskassette an. Als es gerade am spannendsten ist, hört Julia, wie ein Auto auf der Straße anhält. Kurz darauf ruft Tante Bea: „Hallo, ich bin hier." – „Komm zum Frühstück!" sagt Julias Vater in auffordendem Ton, als er an ihrem Zimmer vorbeikommt. Mißmutig schaltet Julia den Kassettenrecorder ab und kommt ins Wohnzimmer, wo ihr Tante Bea einen ihrer scheußlich nassen Spezialküsse auf die Wange drückt. Sie holt ein kleines Päckchen aus ihrer weißen Sonntagshandtasche, und Julia freut sich, daß Tante Bea daran gedacht hat, ihr ein Überraschungsei mitzubringen.

Tante Bea und Mama haben sich viel zu erzählen. Julia rutscht ungeduldig auf dem Stuhl hin und her, weil sie viel mehr interessieren würde, ob die TKKG-Gruppe den Vampir schon aufgespürt hat. Mama schlägt vor, weil das Wetter so schön ist, an die Ostsee zu fahren. Damit sind auch Julia und Papa einverstanden.

Nach einer ziemlich langweiligen Fahrt, bei der Julia aber wenigstens ihre Kassette zu Ende hören kann, ist es dann soweit. Tante Bea hat eine verlassene Sandburg entdeckt. Mit großem Hallo nehmen sie die Burg in Besitz. Julia zieht fix ihre Badehose an, schnappt sich ihre Luftmatratze und läuft zum Wasser. „Geh nicht so weit rein", ruft ihr die Mutter hinterher. Julia hat letztes Jahr beim zweiten Versuch ihren Freischwimmer geschafft und ist seitdem eine richtige Wasserratte.

Als Julia bis zu den Knien im Wasser steht, legt sie sich auf ihre Luftmatratze und läßt sich von den Wellen sanft hin und her schaukeln. Das ist sehr angenehm, und Julia stellt sich vor, mit ihrem Luftmatratzenboot über das Meer zu segeln. In ihrer Phantasie stellt sie sich vor, daß sie eine einsame, kleine Insel entdeckt und beschließt, an Land zu gehen. Barfuß läuft sie im feinen, warmen Sand am Strand entlang. Rechts von Julia stehen viele Palmen, die sich im warmen Wind sanft hin und her bewegen. Dahinter beginnt das hügelige Inselinnere. Doch außer Felsen und Gestrüpp kann sie nicht viel erkennen. Julia kommt den Felsen, die bis ins Wasser hineinragen, immer näher und steht jetzt, bis zum Bauch im Wasser, vor einem großen Felsentor. Ein Teil des Felsens ist ganz schwarz, und als sie genauer hinsieht, kann sie viele kleine Muscheln und Schnecken erkennen, die sich an den Steinen festgesaugt haben. Das Wasser ist so klar, daß sie auf dem Meeresboden Seeigel und in den kleinen Felsenhöhlen bunte, sich flink bewegende Fische erkennen kann. Plötzlich spürt sie etwas Glibberiges an den Beinen und erschrickt so sehr, daß sie beinahe ins Wasser fällt. „Was war das bloß?" fragt sich Julia und rudert aufgeregt mit den Armen, um schneller an Land zu kommen. Geschafft, denkt sie und läßt sich in sicherer Entfernung in den Sand fallen. Ihre Zähne klappern noch etwas. Sie versucht sich zu beruhigen, indem sie sich auf den Rücken legt und alle viere von sich streckt. Was kann das nur gewesen sein? Julia fällt sofort eine Geschichte von einem Seeungeheuer ein, das seine Opfer in eine Höhle tief unten auf dem Meeresboden entführt. Und Julia stellt sich vor, wie das Ungeheuer aussehen und was es mit ihr vorhaben könnte.

Dann erinnert sich Julia auch daran, daß es verzauberte Ungeheuer geben kann, die nur darauf warten, daß ein mutiges Menschenkind es erlöst. Ist das Ungeheuer vielleicht ein verzauberter Prinz? Bei diesem Gedanken fühlt sich Julia schon viel wohler. Sie malt sich aus, wie sie den Prinzen retten und was sie dann zusammen tun könnten. „Aber das passiert doch leider alles nur im Märchen", stellt Julia bedauernd fest. Vielleicht sollte sie sich trauen, der Sache auf den Grund zu gehen, und noch einmal zwischen den Felsen nachsehen, ob da etwas ist. „Ich will mich nicht verrückt machen", denkt sie. Obwohl ihr etwas mulmig zumute ist, traut sie sich bis zu den Knien ins Wasser. „Ich will's wagen, nicht verzagen", sagt sie leise zu sich und denkt daran, wie mutig die vier von der TKKG sind. Obgleich ihre Knie doch etwas schlottern, traut sie sich noch etwas weiter ins Wasser hinein und beobachtet ganz konzentriert, ob sie etwas Auffälliges unter der Wasseroberfläche entdecken kann.

Doch alles ist wie vorher. Die kleinen bunten Fische tanzen in den Felsnischen um die verlassenen Muschel- und Schneckenhäuschen, und die Seeigel haben sich ganz dicht an den Felsen gedrückt. Julia möchte sich die große, rosafarbene Wellhornschnecke zur Erinnerung mitnehmen und versucht, sie aus einer kleinen Unterwassernische herauszulösen. Sie hat es gerade geschafft, als aus der Ecke dahinter ein kleines schwarzes Ungetüm über ihren Arm hinweghuscht. „Igitt, wie eklig", denkt Julia und schüttelt sich. Weglaufen möchte sie aber auch nicht, denn dann kriegt sie ja nie heraus, was das war. Nachdem der erste Schreck vorbei ist, kann Julia gerade noch erkennen, wie ein Tintenfisch hinter dem Felsen in Richtung Meer verschwindet. „Der hat wohl noch mehr Angst als ich", denkt Julia und muß lachen. Dann setzt sie beruhigt und fröhlich ihre Inselerkundung fort in der Hoffnung, keinen weiteren Ungeheuern mehr zu begegnen. Einige Zeit später legt sich Julia in den Schatten einer alten knorrigen Palme und träumt davon, wie sie in einer Hängematte liegt und sanft hin und her schaukelt.

„Na, träumt mein Schatz?" fragt Julias Vater mit lauter Stimme und hält sich an der Luftmatratze fest. Julia lacht und sagt: „Beinahe hätte ich ein verzaubertes Seeungeheuer gerettet, Papa, aber leider war es nur ein Tintenfisch, und den wollte ich nicht küssen." Dann schwimmen beide zurück an den Strand.

Fünfte Folge: Die Mathearbeit

Julia ist in der Schule. Sie rutscht aufgeregt auf ihrem Stuhl hin und her, während Herr Sorge die Arbeitsblätter austeilt. „Habt ihr noch Fragen? Gut, dann fangt an", sagt Herr Sorge.

Julia blickt auf den Zettel mit den Matheaufgaben und denkt: „Das schaffe ich nie." Sie weiß nicht, wo sie anfangen soll, und kaut nervös an ihrem Bleistift herum. Sie schaut hinüber zu Teresa und Kirsten, die beide schon eifrig rechnen. Herr Sorge ermahnt Lars und Marc, mit dem Reden aufzuhören. Jens muß mal, und Fatma schiebt Dirk einen zusammengefalteten Zettel zu. Julia könnte auch Hilfe gebrauchen, und sie tippt Jutta, die vor ihr sitzt, mit dem Bleistift an. Aber die eingebildete Jutta zuckt nur mit den Schultern und läßt sich nicht stören. Julias Kopf scheint leer zu sein, und im Bauch hat sie plötzlich so ein komisches Gefühl.

Julia hatte in der letzten Mathearbeit eine Fünf geschrieben. Für diese Arbeit nun hat sie mit der Mutter tüchtig geübt. Zu Hause konnte sie alle Aufgaben, aber jetzt ist ihr Kopf ganz leer. Sie versucht die erste Aufgabe zu lösen. 2200 : 5 = 44. Nein, das stimmt nicht. Irgend etwas ist falsch. Aber ihr fällt einfach nicht mehr ein, was sie mit den Nullen machen soll. „Das ist zu schwer, das schaffe ich nicht", denkt sie und macht einen dicken Strich durch die erste Rechenaufgabe. Sie spürt, wie sie immer aufgeregter wird und gar nicht mehr klar denken kann. Nervös fummelt sie an ihrer Turtle-Federtasche herum. Plötzlich fällt die Federtasche vom Tisch herunter. Die Stifte und Patronen rollen auf dem Boden herum. Julia hat dabei einen richtigen Schreck bekommen. Sie fühlt sich unwohl, weil alle Kinder in ihre Richtung schauen und kichern. Am liebsten würde sie sich verkriechen. Hastig sammelt Julia alles wieder ein, auch die glitzernde Murmel, die direkt vor Herrn Sorges Füße gerollt ist. „Hoffentlich nimmt er mir meine Murmel nicht ab", denkt Julia, während sie sich bückt, sie schnell aufhebt und ganz fest hält. Noch nie ist ihr Herr Sorge so groß vorgekommen. „Hoffentlich schimpft er nicht", denkt sie und spürt, wie ihr Herz laut pocht. „Versuche, dich zu konzentrieren, und mache eine Aufgabe nach der anderen. Du wirst es schon schaffen", sagt Herr Sorge, ohne daß es ärgerlich klingt. „Das ist noch mal gutgegangen", denkt Julia und atmet erleichtert auf. Sie setzt sich wieder auf ihren Stuhl, legt die Murmel vor sich auf den Tisch, nimmt ihren Bleistift in die Hand und macht sich erneut an die erste Aufgabe. Aber sie kann sich einfach nicht konzentrieren. „Sicher mache ich alles falsch und bekomme wieder eine Fünf", denkt sie und wird immer mutloser.

Plötzlich fällt ein Sonnenstrahl auf die Murmel, und sie leuchtet hell auf. Da erinnert sich Julia wieder an Andrea und an das, was sie ihr zum Abschied gesagt hat: „Habe Mut, dann wird alles gut! Ob das auch bei Mathe wirkt? Na ja, probieren kann ich es ja mal!" Und sie sagt sich einige Male ganz leise: „Hab' ich Mut, geht alles gut! Hab' ich Mut, geht alles gut!" Julia spürt, wie die Aufregung weniger wird, und der Zauber schon zu wirken beginnt. „Jetzt probiere ich es noch mal und fange ganz von vorne an. ‚Eins nach dem anderen', hat Herr Sorge gesagt". Und weil Julia die vielen Aufgaben auf dem Zettel so nervös machen, deckt sie einfach die darunter stehenden Aufgaben mit einem leeren Blatt ab. „Eins nach dem anderen und nicht den Mut verlieren, dann schaffe ich es", sagt sich Julia und beginnt zu rechnen. Julia rechnet weiter und ist erleichtert, als sie die erste Reihe geschafft hat. „Das war gar nicht so schwer, wie ich zuerst gedacht habe", stellt Julia beruhigt fest. Doch die nächste Reihe ist schwieriger, und Julia hat schon zum dritten Mal ein anderes Ergebnis herausbekommen.

„Jeder kann mal einen Fehler machen", sagt Mama, wenn ihr etwas danebengeht. Aber Mama muß ja auch keine Mathearbeit schreiben! Julia denkt daran, daß es wegen dieser Arbeit sicher wieder Fernsehverbot geben wird. Während sie sich in Gedanken mit Mama wegen der Kindersendungen streitet, setzt sich die Murmel langsam in Bewegung, rollt über die Tischplatte und bleibt genau auf der verpatzten Aufgabe liegen. „Okay, okay, ich verstehe ja schon, ich mache weiter. In Mathe dabei und keine Träumerei!" flüstert Julia der Murmel zu und konzentriert sich auf die nächste Aufgabe.

Als die Pausenglocke ertönt und Herr Sorge die Hefte einsammelt, ist Julia fast fertig. Sie hat zwar nicht alle Aufgaben geschafft, und sicherlich hat sie sich auch einige Male ver-

rechnet, aber sie freut sich, daß sie dieses Mal doch ganz
schön weit gekommen ist. Sie fühlt sich gut und ist richtig
stolz auf sich. Während sie ihre Mut-Murmel sorgfältig in ihrer Federtasche verstaut, flüstert sie ihr leise zu: „Nicht verzagen – Mathe wagen!" Dann holt sie ihren Apfel aus dem
Ranzen und stürmt mit den anderen Kindern lärmend auf den
Schulhof.

Sechste Folge: Julia findet eine Freundin

Die Schule ist zu Ende. Teresa hat sich mit Fatma verabredet,
und Ines hat keine Zeit. „Heute muß ich wieder alleine spielen", denkt Julia und ist traurig, daß sie keine Freundin hat.
Sie hatte sich so fest vorgenommen, Jenny heute ihr Blumenbeet und das Karussell zu zeigen. Doch dann hat sie sich wieder nicht getraut, sich mit ihr zu verabreden. „Jenny will bestimmt auch nicht mit mir spielen", denkt Julia und läuft
lustlos nach Hause.
    Als Julia an der Bäckerei vorbeikommt, kommt Jenny aus
der Ladentür. „Jetzt kann ich sie fragen", denkt Julia, „aber
vielleicht mag sie mich auch nicht." – „Hallo", sagt Jenny,
und sie erzählt Julia, daß sie sich ihr Mittagessen beim Bäcker
kaufen muß, weil ihre Mama arbeitet und erst abends nach
Hause kommt. „Bist du ganz allein zu Hause?" fragt Julia neugierig und ist ganz aufgeregt. „Ja, und das ist ziemlich langweilig. Aber zum Glück habe ich Muckl." Julia denkt, daß
Muckl ein Meerschweinchen oder ein Hase ist, und am liebsten würde sie Jenny fragen, ob sie Muckl sehen darf. „Das ist
doch ein Grund, sich mit Jenny zu treffen", denkt Julia. Julia
und Jenny laufen ein Stück schweigend nebeneinander her.
Dann faßt Julia all' ihren Mut zusammen und fragt Jenny, ob
sie am Nachmittag zum Spielen zu ihr kommt. Erleichtert
stellt Julia fest, daß die Frage gar nicht so schwer ist, wie sie
gedacht hat. Als Jenny dann noch ja sagt, ist Julia sehr glücklich. „Aber ich muß mich vorher noch um Muckl kümmern",
sagt Jenny. „Wenn du willst, kannst du mitkommen. Du

mußt um drei Uhr mit dem Fahrrad bei mir sein." Da Jenny erst seit einigen Tagen in Julias Schule geht, läßt sie sich erklären, in welcher Straße Jenny wohnt. Dann geht sie fröhlich nach Hause und freut sich, daß es mit der Verabredung doch noch geklappt hat.

Kurz vor drei Uhr kommt Julia mit dem Rad bei Jenny an. Jenny wartet schon und freut sich, als sie Julia sieht. Jenny hat einen schwarzen Plastikkasten auf ihrem Gepäckträger, in dem Tücher, Bürsten und ein großer gelber Plastikbeutel liegen. „Wir fahren zu Muckl", sagt sie und fährt los.

Sie fahren an der neuen Hochhaussiedlung vorbei und nehmen die Abkürzung durch die Schrebergärten. Dann fahren sie durch das kleine Wäldchen. Dahinter beginnen die Wiesen und Felder. „Gleich sind wir da", sagt Jenny, fährt noch einmal rechts und bei der nächsten Abbiegung links und hält an einem alten, verwitterten Weidezaun an. Die vier Pferde auf der Weide haben sie schon bemerkt und sind unruhig. Eines kommt laut wiehernd auf sie zu. Jenny klettert über den Zaun und läuft dem Pferd entgegen. „Muckl, Muckl, komm her, ich hab dir etwas mitgebracht", ruft Jenny. „Das ist also Muckl", denkt Julia. „Komm doch auch rein", ruft Jenny, „und bring' die gelbe Plastiktüte mit! Da sind Leckerlis drin."

Langsam geht Julia mit der Tüte Muckl und Jenny entgegen. „Hoffentlich sind das liebe Pferde", denkt Julia und ist etwas nervös. Wenn sie nicht Jenny zur Freundin haben wollte, würde sie ganz bestimmt nicht alleine auf eine Weide gehen. Aber was würde Jenny von ihr denken, wenn sie merkt, daß sie Angst vor Pferden hat? Plötzlich trabt Muckl direkt auf sie zu. „Nichts wie weg hier", denkt Julia. Sie dreht sich um und läuft zurück zum Zaun. Jenny lacht und schreit laut: „Laß die Tüte fallen, Muckl ist hinter den Leckerlis her, nicht hinter dir." Julia macht, was Jenny sagt, und läuft weiter bis zum Zaun. Als sich Julia umdreht, sieht sie, wie Jenny die Tüte aufreißt und Muckl ganz gierig seinen Kopf hineinsteckt. Jenny schimpft und zieht die Tüte weg. Jetzt kommen auch die anderen Pferde und stecken ihren Kopf in die Tüte. „Ihr bekommt ja alle etwas", sagt Jenny ganz ruhig. Sie nimmt ein paar Leckerlis aus der Tüte, legt sie auf ihre Hand und füttert die anderen Pferde. „Das sind Islandponys", erklärt Jenny, „die sind alle ganz lieb." Sie drückt Julia die Tüte mit den Leckerlis in die Hand und sagt, daß sie die Pferde füttern soll.

Julia hält Muckl ein Leckerli vor sein Maul, zieht aber schnell ihre Hand weg, als er seine großen gelben Zähne bleckt. Beim zweiten Mal klappt es schon besser, und Julia erschrickt nicht mehr, wenn das feuchte Pferdemaul ihre Hand berührt. Mit der Zeit macht es Julia Spaß, die Isländer zu füttern, und sie spürt, daß ihre Angst abnimmt. Jenny zeigt Julia, wie man die Pferde striegelt und ihre Hufe auskratzt. Zum Abschied streichelt Julia Muckl und gibt den anderen Pferden noch ein paar Leckerlis.

Auf dem Nachhauseweg stellt Julia Jenny viele Fragen über Muckl und die anderen Pferde. Jenny verspricht Julia, den Bauern zu fragen, ob sie auch ein Pflegepferd haben kann. Das wäre toll, wenn das klappen würde! Dann könnten sie sich häufig treffen und zusammen zur Weide fahren.

Überglücklich fährt Julia an diesem Nachmittag nach Hause. Jenny wird ihre Freundin sein. Und einige vierbeinige Freunde hat sie auch noch gefunden.

Geschichten erzählen

(Alexander Redlich)

Es gibt viele Möglichkeiten, Geschichten für Kinder zu erzählen. Wir wollen Eltern Mut machen, es mit *eigenen* Geschichten zu versuchen. Der Kreativität sind dabei keine Grenzen gesetzt. Mit etwas Vorbereitung kann jede Mutter und jeder Vater spannende Erzählungen zustande bringen. Dazu einige Hinweise und Anleitungen.

Erinnern Sie sich an Ihre eigene Kindheit? Woran hatten Sie Vergnügen? Die wichtigste Voraussetzung zum Geschichtenerzählen ist der *eigene Spaß* an der Sache. Wenn Sie merken, daß sie sich ständig zum Vorlesen oder Erzählen „motivieren" müssen, dann sollten Sie es lieber aufgeben. Ein bißchen Selbstdisziplin, um sich aufzuraffen und in Gang zu bringen, ist manchmal schon nötig. Aber das Erzählen von Geschichten sollte nicht zur lästigen Pflicht oder Arbeit werden.

Wie konstruiert man eine Geschichte? Stellen Sie sich vor, Sie wollen heute abend Ihren Kindern eine Geschichte erzählen! Wozu haben *Sie* Lust? Was wollen die Kinder? Soll es eine aufregende Abenteuergeschichte aus fernen Ländern und Phantasiewelten sein oder eine aus dem Alltag, die von gestern oder heute handelt? Wollen Sie Ihren Kindern aus Ihrer eigenen Kindheit etwas erzählen, oder möchten Sie auf ein besonderes Erlebnis zurückgreifen, das eins der Kinder vor nicht allzu langer Vergangenheit hatte?

Und schon haben wir eine Gliederung als Hilfe zur Ideenfindung:
1. Alltagsgeschichten, die auf aktuellen Erlebnissen der Kinder aufbauen
2. Alltagsgeschichten aus Ihrer eigenen Kindheit
3. Abenteuergeschichten, die frei erfunden werden

Am einfachsten ist es, von einem Erlebnis der Kinder auszugehen. Am folgenden Beispiel möchte ich zeigen, wie man eine Geschichte systematisch aufbauen kann.

Geschichten konstruieren

Als Voraussetzung für eine Geschichte braucht man nur zwei Schritte: Man muß (a) das Thema (Hauptproblem, -aufgabe) finden und (b) eine Reihe von Szenen (Anforderungen, Hindernisse, Teilprobleme) sammeln.

Dann kann es schon losgehen mit dem Erzählen.

1. Thema finden: Hat ein Kind etwas Aktuelles erlebt?

Mein achtjähriger Sohn hatte vor einigen Tagen miterlebt, wie meine Frau im Schnee ausrutschte und sich den Knöchel verstauchte, als sie ihn und seinen Freund auf dem Schlitten zog. Das Ereignis schien ihn nicht sehr stark zu beschäftigen, aber hier und da merkte man doch, daß in ihm vielleicht neben Aufregung und Mitgefühl noch Schuldgefühle gärten, wenn er betonte, daß sein Freund und er „gar nichts gemacht" hatten. Es klang auch Stolz durch, wenn er erzählte, daß sie allein die Mutter am Ende nach Hause gezogen hatten.

Also: Der Unfall eignet sich als Thema! Natürlich möchten wir Ihnen nicht empfehlen, sich komplizierte Knochenbrüche zuzuziehen, um vor Ihren Kindern als begnadeter Geschichtenerzähler dazustehen. Aber ein paar Schürfwunden, Platzwunden (die genäht werden mußten?) oder Verstauchungen wird es doch auch in Ihrer Familie gegeben haben!

Doch müssen es nicht unbedingt aufregende Ereignisse sein. Genausogut könnte eine Begegnung mit einem Eichhörnchen im Garten zu einer kurzen Tiergeschichte führen. Das Lernen von etwas Neuem beim Schwimmen oder ein sportlicher Wettkampf können ebenso zum Thema gemacht werden wie der erste selbständige Einkauf im großen Kaufhaus oder eine

Streiterei mit einer Freundin oder einem Freund.

Das Thema der Erzählung läßt sich am besten *rückwärts*, vom Ende her, planen, wenn man von vornherein einen roten Faden haben will. Dazu führe ich mir das Erlebnis aus dem Blickwinkel des Kindes vor Augen.

Er hatte mit seinem Freund beim Schlittenfahren nur kurz Spaß gehabt. Dann kam der Unfall der Mutter, und die beiden Jungen haben sie nach Hause gezogen. Er mußte also den Abbruch des erwarteten Schlittenvergnügens verarbeiten, seine Angst bei der Hilflosigkeit der sonst so selbständigen Mutter bewältigen, eine ziemliche Anstrengung auf sich nehmen und durchhalten. Am Ende kam die Überraschung, daß sich der „verstauchte" Knöchel als komplizierter Bruch entpuppte, der unmittelbar operiert werden mußte.

Ich kannte den Rückweg vom Rodelberg und wußte daher, daß einige Steigungen zu überwinden waren und man regelmäßig auf Spaziergänger mit riesigen Hunden traf, die einem schon einen Schreck einjagen können, wenn sie urplötzlich auf einen zuschießen. Dies hatte auch einmal sein älterer Bruder erfahren müssen, der sich plötzlich beim Fußballspiel gemeinsam mit dem Ball inmitten eines Rudels kläffender Hunde wiederfand und seitdem erhebliche Scheu im Umgang mit großen Hunden hat.

2. Szenen sammeln: Welche Anforderungen sind zu bewältigen?

Die Sammlung von Szenen hält sich am besten an die natürliche Reihenfolge der Episoden. Denn diese Reihenfolge entspricht meistens auch der Grundstruktur von Erzählungen: einem Vierschritt von der (1) *Einführung* („Vorgeschichte") über (2) das *Hauptproblem* und (3) die einzelnen *Anforderungen* bis (4) zur *Lösung* des Problems, zum Ziel.

Zunächst gibt es eine *einführende Vorgeschichte*: Planung des Schlittenfahrens, der Weg zum Rodelberg und die ersten Rutschpartien.

Als zweites kommt das *zentrale Problem* ins Spiel. Die Mutter knickt beim Ziehen des Schlittens um und verletzt sich den Knöchel. Sie kann nicht mehr gehen. Wie schafft man sie nach Hause?

Sodann gibt es eine Reihe von *Anforderungen* bei der Lösung des Problems, die jeweils eigene Folgen einer mehrteiligen Geschichte bilden können: Kooperationsprobleme der beiden Jungen, Überwinden von Steigungen und Treppen, Begegnung mit furchterregenden Hunden usw.

Eine wichtige Hilfe bei der Sammlung von Szenen und Anforderungen ist es, sich ins Kind hineinzuversetzen: Wo würde man selbst an seiner Stelle aufgeregt werden? Wodurch hätte man selbst in dieser Situation Schuldgefühle oder Angst? Was könnte einen hilflos oder wütend machen? Wann würde man am liebsten weglaufen, angreifen oder sich totstellen? Auf diese Weise kann man ein tiefes Verständnis für die Kinder entwickeln. Das schlägt sich in der Geschichte darin nieder, daß sich die Kinder in der Identifikation mit der Hauptperson verstanden und akzeptiert fühlen. Darauf bauen dann die Ermutigung sowie die Bewältigung der Anforderungen und damit die Stärkung des Selbstvertrauens auf.

Schließlich wird das *Hauptproblem gelöst*. Das Ziel ist erreicht. Die Mutter ist erfolgreich zu Hause! Je nach Geschichte kommt noch ein „Nachwort" dazu, wie hier die Überraschung im Krankenhaus, daß der Knöchel gebrochen ist, und die erfolgreiche Operation.

3. Erzählen einer Alltagsgeschichte ...

Mit diesen Episoden vor Augen fange ich an, zu erzählen. Die Geschichte beginnt dann etwa so:

Erste Folge: Der Unfall

Der Junge geht mit einem Freund und seiner Mutter zum Rodeln. Die Jungen beeilen sich wie selten, weil sie es gar nicht erwarten können. Voller Vorfreude erzählen sie sich,

wieviel Spaß sie dabei haben werden, wenn sie den Rodel-
berg herunterrasen. Darum wollen sie ja auch den steilsten
Hang aufsuchen, obgleich es ein viel weiterer Weg ist. Aber
der Babyberg tut's nicht mehr. Gleich sind sie da, und dann
wird's cool! Sie hören schon die Freudenrufe der anderen Kin-
der ganz nahe und freuen sich tierisch. Als sie ankommen,
laufen beide schnell den Hang hinauf ...

Eine typische Anforderung mit der entsprechenden Bewältigung könnte in dieser Geschichte so erzählt werden:

Als sie ganz oben auf dem Rodelberg stehen, muß der
Junge schlucken. Er hat nun doch einen ziemlichen Bammel.
Verdammt steil, die Bahn! Und wie schnell die Schlitten
sind. Wenn man da nicht richtig steuert ... knallt man ja
gegen die Bäume, die da im Weg stehen. Er merkt, wie sein
Mund ganz trocken wird. Am liebsten würde er wieder zum
kleinen Rodelberg zurück. Aber das geht nicht mehr. Alle
würden lachen. Und Janko ... Was würde der wohl denken?
– Nein, ausgeschlossen: jetzt muß er herunterfahren. Seine
Gedanken rasen im Kopf rum.

Als er das merkt, beruhigt er sich selbst, indem er sich sagt:
„Ruhig bleiben! Nur Mut! So schwierig kann es nicht sein.
Die anderen können das ja auch. Erst mal die Rodelbahn ge-
nau anschauen!" Er sieht zu Janko und fragt ihn, wo der denn
runterfahren möchte. Janko möchte zunächst gar nicht, son-
dern nur zuschauen. Als die Mutter fragt, sagt der Junge ganz
gelassen: „Erst mal gucken!" ...

Auf diese Weise entsteht eine Alltagsgeschichte. Sie bleibt
eng am tatsächlichen Geschehen. Die einzigen Entfrem-
dungselemente sind die Einführung einer Hauptperson, die in
der Geschichte an Stelle des Kindes auftritt, sowie der „gefühlsmäßige Ausbau" der einzelnen Episoden, damit sie span-
nender werden. Diese Form paßt meist gut zur seelischen
Situation von zurückhaltenden Kindern, die in Streßsituatio-
nen eher Angst bekommen und sich hemmen.

... oder einer Abenteuergeschichte

Entsprechend unserer Unterscheidung von Abenteuer-und Alltagsgeschichten gibt es auch noch die Möglichkeit, aus einem aktuellen Erlebnis eine *Abenteuergeschichte* zu machen. Sie ist eher für aktive Kinder geeignet, die auf Anforderungen oft mit Ärger und Aggression reagieren.

Für eine Abenteuergeschichte mache ich aus dem Kind einen jungen Mann. Die verletzte Mutter wird verwandelt in seine Freundin, das Rodeln wird zum ökologischen Forschungsauftrag im Hochgebirge, das Ausrutschen zum Absturz in eine Gletscherspalte. Die Hunde der Spaziergänger kann man zu hungrigen Wölfen, die Steigungen zu gefährlichen Hindernissen wie reißende Wildbäche und schneeverwehte Gebirgspässe machen. Das Heim wird zur kleinen Waldläuferhütte, das Telephon zum Funkgerät, das Krankentaxi zum Hubschrauber, der sich im Schneesturm durch gefährliche Schluchten und Fallwinde zur Rettungsstation durchkämpft.

Das ergibt genug Material, um das Ganze als Selbstüberwindung und heldenhafte Rettung auszuschlachten! Man muß es nicht übertreiben. Aber damit lassen sich schon einige Folgen einer Abenteuergeschichte „Unfall im Schneesturm" gestalten, bei denen die Hauptperson durch die Kontrolle von Ärger und Aufregung einen kühlen Kopf bewahrt und schwierige Anforderungen erfolgreich bewältigt.

Mit dem Ziel und den einzelnen Episoden im Kopf fange ich dann einfach an zu erzählen; beispielsweise so:

Erste Folge: Der Absturz

Die Sonne steht schon ziemlich tief am Horizont. Nur noch ,ne halbe Stunde, bis es Nacht ist. Wenn ihr nicht bald eure Hütte erreicht, wird's sehr ungemütlich – bei minus 12 Grad und scharfem Wind. Es soll bald Schneesturm aufkommen. Ihr müßt euch gewaltig beeilen, wenn ihr eure Freundin noch in Sicherheit bringen wollt. Die hat nämlich ein gebrochenes Bein und kann nicht mehr Skilaufen. – Was war eigentlich passiert? ...

In die einzelnen Folgen baue ich die typischen Anforderungssituationen und ihre Bewältigung ein:

Eben hast du eure Freundin noch gesehen, aber plötzlich ist sie verschwunden. Auf eure Rufe – keine Antwort. Langsam wirst du sauer. Warum hat sie nicht auf dich gehört, als du sie vor den Gletscherspalten gewarnt hast. Am liebsten möchtest du sie jetzt versauern lassen, diese blöde Kuh! Du merkst: Du steigerst dich in immer mehr Wut hinein. Also beruhigst du dich wieder. Du denkst: „Erst mal ruhig werden und klar denken!" Wenn sie nun tatsächlich in ,ner Gletscherspalte liegt und sich nicht rühren kann ... Ihr müßt sie systematisch suchen! Du rufst deinen Freund heran, und ihr überlegt genau ...

Diese Abenteuergeschichte ist noch so weit am Thema des realen Unfalles angelehnt, daß sich die Anforderungssituationen für den Helden der Geschichte und den Jungen im wirklichen Geschehen *von der Struktur her* ähnlich sind. Völlig frei erfundene Abenteuer (wie die ersten fünf Geschichten in diesem Buch) sind schwieriger zu entwickeln, weil man keine reale Vorlage im Kopf hat.

... oder einer Geschichte aus der eigenen Kindheit

Es gibt noch eine dritte Möglichkeit, ein aktuelles Erlebnis in eine Geschichte umzusetzen, die Identifikationsmöglichkeiten schafft. Kinder finden es meist total spannend, etwas aus der Kinderzeit ihrer Eltern zu erfahren. Sich die mächtigen Erwachsenen als Kind vorzustellen, schafft eine neue Art der Identifikation. Denn die Kinder träumen ja davon, als Erwachsene wie ihre Eltern zu sein. Somit kann man das Thema mit einem Erlebnis aus der *eigenen Kindheit* verbinden. Man fragt sich dazu, ob man etwa in demselben Alter eine ähnliche Situation erlebt hat.

So erinnerte ich mich an ein vergleichbares Erlebnis, als ich etwa elf Jahre alt war. Auf meinen Wunsch ist mein Vater mit mir zum Angeln auf einen großen See hinausgefahren. Wir hatten damals ein schwerfälliges Ruderboot, das sehr schwer zu rudern war. Darum durfte ich auch nie alleine damit los. Er ruderte eine ziemlich weite Strecke, bis wir zum Ziel kamen. Dort warfen wir die Angeln aus. Aber es biß kein Fisch. Ich wurde ungeduldig und nervte meinen Vater so lange, bis er sich – etwas verärgert – bereit erklärte, zu einer anderen Stelle zu rudern, die mir verheißungsvoll erschien. Er stand auf, machte eine falsche Bewegung – und bekam einen Hexenschuß. Rücken verrenkt! Er kannte das schon, aber es muß trotzdem wahnsinnig weh getan haben. Er sagte: „Schluß mit dem Angeln! Ich kann mich kaum bewegen. Versuch mal, mich möglichst schnell nach Hause zu rudern." Dabei legte er sich flach auf den Boden des Bootes. Ich hatte ihn noch nie so hilflos gesehen und spürte ziemliche Angst.

Außerdem war ich nicht ganz sicher, ob er mir die Schuld gab. Er machte mir zwar keine Vorwürfe, aber er litt sichtlich. Und schließlich hatte ich ja den Anlaß für seine falsche Bewegung gegeben. Andererseits hatte ich jetzt Gelegenheit, zu zeigen, was in mir steckte. Aber wenn ich es nicht schaffte? Was dann? Ziemliche Versagensangst überfiel mich. Aber mein Vater ermutigte mich, und schließlich überwog die Herausforderung. Ich ruderte die ganze lange Strecke, und zwar auch noch gegen den Wind. Am Anlegesteg angekommen, half ich ihm, direkt zum Hausarzt zu gehen, der in der Nähe wohnte. Meine Selbständigkeit hat meinen Vater offenbar beeindruckt. Denn ich durfte nach diesem Ereignis allein mit dem Boot auf den See.

Diese Erinnerung an das Erlebnis läßt sich leicht ausbauen zu einer Erzählung, die von der Anforderungsstruktur her dem Unfall beim Schlittenfahren entspricht: Ein attraktives Vorhaben muß abgebrochen werden. Ein Erwachsener ist auf die Hilfe seines Kindes angewiesen. Das Kind könnte versagen. Aber es bewältigt die anstrengende Anforderung erfolgreich. In ihm mischen sich Enttäuschung und Ärger, Angst und Hilflosigkeit, Schuldgefühl und Unsicherheit, Stolz und Mut. Diese Gefühle müssen gleichzeitig bewältigt werden.

184

Geschichten mit Kindern gemeinsam entwickeln

Eine gute Geschichte bietet ein Thema an, das die Zuhörer gerade beschäftigt. Ein Weg, die Themen der Kinder besonders gut zu treffen, ist es, mit ihnen gemeinsam eine Geschichte zu machen. Dies hat schon der englische Psychoanalytiker und Pädagoge Alexander Neill vor über fünfzig Jahren vorgemacht mit der Geschichte „Last man alive" (deutsch: „Die grüne Wolke"), die er mit seinen Schülern in Summerhill in abendlichen Erzählungen gemeinsam entwickelt hat.

Wenn Sie Ihre Kinder fragen, was für eine Geschichte sie sich wünschen, bekommen Sie rasch ganz direkte Antworten, hinter denen Sie oft erkennen können, welche Gefühle und Wünsche sie gerade beschäftigen: Ärger über enge Freunde, Angst vor einem Lehrer, ungerechte Behandlung usw. Aber auf die tiefenpsychologische Analyse kommt es gar nicht an. Die von den Kindern genannten Wünsche sind in jedem Fall von Interesse und können mit ihrer eigenen Hilfe in eine hervorragende Geschichte umgesetzt werden, die immer wieder gern gehört wird.

Thema finden

Zunächst braucht die Geschichte ein Thema wie zum Beispiel „Wie das Mädchen reiten lernte.", „Was ist, wenn Kinder eine Scheibe einwerfen?", „Als der Hamster krank wurde.", „Bei Opa im Schrebergarten brennt es.", „Der uralte Hecht mit dem Moos auf dem Kopf und den Muscheln hinter den Kiemen." usw.

Szenen sammeln

Dann fragt man die Kinder, was alles in der Geschichte passieren soll. Dabei sollte offenbleiben, wie die einzelnen Episoden und die ganze Geschichte schließlich ausgehen.

Denn sonst ist die Spannung raus! („Sie geht natürlich gut aus!")

So könnte beispielsweise das Mädchen schon einmal vom Pferd gefallen sein: Wie überwindet es seine Angst? Das Pferd mag sich nicht striegeln lassen: Wie bekommt es das Pferd dazu? Es könnte lahmen: Woran liegt es? Die beste Freundin will auch das beste Pferd: Wie können sie sich einigen? usw.

Erzählen

Und schon hat man genug Material, um mit dem Erzählen zu beginnen. Dabei hilft wieder der oben beschriebene Ablauf:

1. Ein kleine *Vorgeschichte* führt in die Geschichte ein.

2. Das *Problem* tritt auf.

3. *Anforderungen* müssen bewältigt und Hindernisse überwunden werden. Hier kann man die Kinder immer ,mal wieder einbeziehen durch Fragen wie: Was soll als nächstes passieren? Wie geht es weiter? Was denkt das Kind? Was fühlt es?

4. Es kommt zu einer *erfolgreichen Lösung*. Das Ende der Geschichte kann auch offengelassen werden, so daß die Kinder die Möglichkeit haben, die Geschichte in ihrem Sinne zu beenden.

Ein Wort zur „Qualität" eigener Geschichten

Sie sollten sich beim Erzählen von selbsterfundenen Geschichten nicht unter Leistungsdruck setzen. Es ist hoffnungslos, mit den auf dem Markt befindlichen Kassettenprogrammen oder Videos spannungsmäßig zu konkurrieren! Hinter „TKKG", „Die drei ???", „Der kleine Vampir" usw. stehen ganze Spielzeugindustrien mit hochbezahlten Profis, die ihren Lebensunterhalt damit verdienen, sich spannende Geschichten auszudenken und technisch perfekt umzusetzen. Wenn Ihre Kinder es möchten, sollten Sie Ihnen solche Geschichten ruhig vorlesen (die meisten Kassetten gibt es auch als Buch). Aber erwarten Sie nicht von sich, solche Geschichten zu produzieren. Den meisten Kindern ist ohnehin etwas ganz anderes wichtiger.

Wir haben ungefähr 300 Kinder zwischen acht und dreizehn Jahren gefragt, wie gut sie unsere Abenteuergeschichten im Vergleich zu Geschichten finden, die sie von ihren Kassetten kennen. Die Antwort war ziemlich einhellig: Technisch deutlich schlechter! Aber es sei doch ganz etwas anderes, die Geschichten *gemeinsam* zu hören!

Was keine Kassettengeschichte trotz professionellster Technik erreichen kann, ist die einzigartige Atmosphäre des Erzählens oder Vorlesens. Der Walkman in der Tasche ist hin und wieder okay und kann bei langen Autofahrten sogar ein Segen für den Familienfrieden sein. Aber er wird zur unbefriedigenden Droge, wenn das kindliche Bedürfnis nach Geborgenheit und Gespräch, nach Aktivität und gemeinsamem Erleben in der vertrauten Gemeinschaft nicht gestillt wird.

Sie brauchen mit den eigenen Erzählungen nicht perfekt zu sein. Bleiben Sie mit Ihren Kindern im Gespräch, und lassen Sie der Phantasie freien Lauf! Dann haben Sie die uralte Gemeinschaftsszene des Geschichtenerzählens auf Ihrer Seite. Das zieht bei den Kindern letztlich am besten, und es „erzieht" sie auch am besten!

Was Kinder und Eltern brauchen

Kinder brauchen natürlich nicht nur Geschichten. Auf zentrale Merkmale einer entwicklungsfördernden familiären Lebenswelt konnten wir in diesem Buch nicht eingehen. Aber wir wollen wenigstens an seinem Ende auf wichtige psychologische Leitlinien für die Erziehung kurz hinweisen.

Kinder sind *verschieden*. Eine Erziehungsmethode, die bei dem einen Kind „funktioniert" haben mag, wird dem anderen nicht gerecht und geht beim dritten völlig daneben. Also: Jedes noch so gute Erziehungsprinzip wird paradoxerweise dann unmenschlich, wenn es konsequent und perfekt, nämlich in übertriebener Weise erfüllt wird – die folgenden Leitlinien eingeschlossen.

Kinder brauchen *Geborgenheit*. Das heißt (a) die Sicherheit, keiner körperlichen und seelischen Gewalt ausgesetzt zu sein, (b) eine an keine Bedingungen geknüpfte Zuneigung und Bindung vertrauter Personen und (c) Regelmäßigkeiten und Wiederholungen im Lebensalltag vom Zähneputzen über regelmäßige Mahlzeiten bis zur Gute-Nacht-Geschichte.

Kinder brauchen viel *Verständnis*. Damit meinen wir keineswegs, daß man alles akzeptiert, was sie anstellen. Verständnis bedeutet, daß man verstanden hat, was das Kind meint und was in ihm vorgeht. Eine der wichtigsten Erkenntnisse der Erziehungspsychologie sagt, daß sich Kinder am besten entwickeln, wenn sie spüren, daß sich ihre Eltern (oder entsprechende Bezugspersonen) in sie hineinversetzen können. Wer sich in mich hineinversetzen kann, der ist nicht weit entfernt von mir. Wer zum Thema Verständnis mehr lesen möchte: Dazu ist das Buch „Familienkonferenz" von Thomas Gordon empfehlenswert.

Kinder brauchen gelegentlich *Konfrontation*. Verständnis macht es den Eltern schwer, nicht annehmbaren Handlungen oder Verhaltensweisen der Kinder kritisch zu begegnen. Aber es geht.

Ich kann nämlich sehr wohl Verständnis dafür aufbringen, daß ein Kind ärgerlich ist, wenn ihm etwas nicht gelingt. Ich kann verstehen, wenn es sich danach umsieht, wem oder was es die Schuld dafür zuschieben kann. (Mir geht es in manchen Situationen genauso.) Und ich kann sogar nachvollziehen, daß es ein schwächeres Kind anfängt zu beschimpfen. Aber ich schreite dennoch ein, unterbinde die Tat und konfrontiere es damit, daß ich (und andere) das nicht richtig finden und daß es seinen Ärger nicht an anderen ablassen darf.

So eine Konfrontation kann indirekt und humorvoll sein. Man kommt aber nicht darum herum, daß man manchmal auch ernst und unangenehm werden muß. Wie gesagt – dabei kann man immer noch verstehen, was in dem Kind vorgeht.

Last but not least: Eltern brauchen *Entwicklungschancen*. Für die meisten Eltern liegt die eigene Kindheit etwa ein Vierteljahrhundert zurück. In dieser Zeit hat sich nicht nur in der Gesellschaft und im Erziehungsstil viel geändert. Man kann sich kaum noch an Details der eigenen Erziehung erinnern, nur noch an die besonders schlimmen Fehler der eigenen Eltern. Und zwischenzeitlich hat man kaum mit Kindern zu tun gehabt. Kurzum: Eltern sind erst mal ungelernte Eltern! Sie müssen sich letztlich alles selbst beibringen.

Es gibt zwar massenhaft Bücher über die richtige Erziehung. Aber wer kann das schon aus Büchern wirklich lernen! Zum Beispiel werden vergleichbare Aufgaben wie das Betreuen oder Unterrichten von (bereits erzogenen) Kindern in jahrelangem Studium gelehrt und unter praktischer Anleitung eingeübt. Eltern sind Personen, die das Elternsein vor allem erst lernen müssen. Darum sollten sie sich selbst Entwicklungschancen geben. Das heißt: Ständig Fehler machen, umlernen, liebgewordene Einstellungen aufgeben und selten recht behalten. Statt dessen den eigenen Erziehungsstil immer weiter verbessern und erneuern. Wer von sich sagt, daß er immer recht hatte in Erziehungsfragen, der hat seine Entwicklungschancen vermutlich schlecht genutzt und dieselben Fehler möglicherweise fast zwei Jahrzehnte lang an seinen Kindern gemacht! Aber woran merkt man die eigenen Fehler? Soll man sich vom Ehepartner sagen lassen, was richtig oder falsch ist, von Freunden, die womöglich keine eigenen Kinder haben, auf Fehler hinweisen lassen, oder gar von den eigenen Eltern und Schwiegereltern? Die wissen es auch nicht besser, und man würde sich doch nur ständig in die Haare kriegen.

Nun, auch wenn es ziemlich verwegen klingt: Die eigenen Kinder sind die besten Lehrmeister, wenn die Eltern auf sie hören. Das bedeutet, mit den Kindern im Kontakt zu bleiben, und zwar auch dann, wenn man ihnen gerade eine Strafpredigt gehalten hat. Wenn Sie einmal geschimpft haben: Fragen Sie Ihre Kinder später in einer ruhigen Minute ernsthaft, wie sie das fanden, was sie besser fänden und an Ihrer Stelle tun würden! Die Antworten sind spannend und lehrreich. Wenn es Ihnen gelingt, die guten Vorschläge dann auch in der Hektik des familiären Alltages in die Tat umzusetzen, und wenn Sie schließlich, ohne lange darüber nachdenken zu müssen, das abgesprochene „Schimpfen" routiniert praktizieren können, dann sind Sie auf dem besten Wege, als Vater oder Mutter erfolgreich zu werden.

In diesem Sinne – viel Spaß und Erfolg mit den Geschichten!

Literatur

Aden, P. (1996): Autogenes Training mit Kindern und Jugendlichen. Ein praktischer Leitfaden für Eltern und Erziehende. Herder/Spektrum

Bettelheim, B. (1985): Kinder brauchen Märchen. dtv

Bettelheim, B./Zelan, K. (1985): Kinder brauchen Bücher. dtv

Bettelheim, B. (1994): Zeiten für Kinder. Herder/Spektrum

Dörner, K. (1997): Auf einmal geht alles wie von selbst. Vorlesegeschichten zum Trösten und Mutmachen. Herder/Spektrum (in Vorbereitung)

Dreikurs, R./Grey, L. (1992): Kinder lernen aus den Folgen. Herder/Spektrum

Friedrich, S./Friebel, V. (1989): Entspannung für Kinder. Rowohlt

Gürtler, M./Kammerer, D. (1995): Still werden und entspannen. Übungen und Geschichten zum Autogenen Training mit Kindern. Herder

Gordon, T. (1990): Familienkonferenz. Rowohlt

Neill, A. S. (1938): The Last Man Alive. Jenkins (deutsch: Die grüne Wolke. Rowohlt 1971)

Preuschoff, G. (1996): Kinder zur Stille führen. Meditative Spiele, Geschichten, Übungen. Herder

Weinberg, E. (1989): Autogenes Training für Kinder. Haug

Menschenskinder...

HERDER / SPEKTRUM